몽록(夢鹿) 법철학 연구총서 7

민주주의와 사회주의
청년 마르크스 사상에서 법과 국가
Demokratie im Sozialismus:
Recht und Staat im Denken des jungen Marx

베르너 마이호퍼 지음

윤 재 왕 옮김

박영사

차례

서론

자본주의와 민주주의

우리는 오늘날에야 비로소 강단철학자들에 의해 전개된 신칸트주의의 배후에 있는 원래의 칸트, 즉 미래의 세계시민사회의 **구체적 법유토피아**(Rechtsutopie)를 꿈꾼 사상가 칸트를 재발견하기 시작했다. 이와 마찬가지로 우리는 오늘날에야 비로소 정당 이데올로기인 마르크스주의의 배후에 있는 원래의 마르크스, 즉 미래의 **계급 없는 사회**의 **구체적 사회유토피아**(Sozialutopie)를 꿈꾼 사상가 마르크스를 재발견하기 시작했다.

위대한 사상가들의 위대함은 그들이 한 시대 전체를 처음으로 조망할 수 있는 정신사의 정점에 올라서서 그 시대를 '사유로 포착'했다는 데에 국한되지 않는다. 오히려 위대한 사상가들은 그들이 속한 시대를 훨씬 뛰어넘는 내용을 '사유로' 포착하고 파악했기 때문에 그 심오함을 낱낱이 밝혀낼 수 없을 정도로 시간과 공간을 초월해 보편타당성을 갖고 있다는 점에서 그 위대함이 드러난다.

그래서도 전 세계에 걸친 마르크스주의 전통과 마르크스 해석에도 불구하고 여전히 그의 사상에서 제대로 알려지지 않은 측면이 있고, 이는 칸트 철학에서 아직 알려지지 않는 측면이 있는 것과 마찬가지다. 그 이유가 단순히 예컨대 1844년에 파리에서 작성한 경제학–철학 초고들(이 밖에도 마르크스가 다른 책에서 발췌한 기록과 자신의 구상을 메모한 내용은 아직 출간되지 않았다)이 1932년에야 알려지게 되었다는 사실처럼 마르크스의 철학적 구상과 정치이론에서 가장 중요한 의미가 있는 부분들이 20세기에야 비로소 조명을 받기 시작했다는 사실 때문이 아니다. 그보다는 마르크스의 새로운 정치철학과 학문적 이론이 다루었던 주제들 가운데 상당수가 오늘날에야 비로소 시의성을 갖기 시작했기 때문이다.

마르크스주의나 마르크스주의가 아닌 이론이 마르크스를 다루는 기존의 방식은 주로 **자본주의 사회가 발전하고 몰락하는 경향이 고유한 법칙성을 갖는다는** 점에 대한 천재적인 **정치경제학적 분석**에 초점을 맞추었다. 노년의 마르크스는 국민경제학의 관점에서 서술한 미완의 저작『자본』에서 인간의 인간에 대한 착취를 가능하게 만들고, 생산수단에 대한 사적 소유를 기반으로 하는 경제체계에서 발생하는 무임금 및 저임금 노동의 잉여가치에 관한 이론을 제시했으며, 기존의 방식은 바로 이 이론에 초점을 맞춘다. 이러한 경제체계에서는 이윤이 **축적되고 소수 자본가의 손에 자본이 집중됨으로써** 다수 노동자(그리고 자본가들 역시)가 소유 박탈(Expropriation) 상태에 도달하고, 이 상태로 인해 프롤레타리아의 빈곤화와 함께 **과잉생산이라는** 위기가 갈수록 높아지며, 이 위기가 유발한 생산의 무정부 상태로 인해 **소유를 박탈하는 자들의 소유 박탈**(Expropriation der Expropriateure), 즉 무산자인 프롤레타리아트들이 유산자 부르주아에 대항하는 **혁명**이 발생하지 않을 수 없다고 한다.

이윤축적 - 자본집중 - 소유 박탈 - 과잉생산 - 혁명이라는 순서로 전개되는 이러한 경제적 및 정치적 이론들이 마르크스와 마르크스주의를 다루는 모든 이론적 작업의 중심에 설 수밖에 없었다는 점은 분명하다. 즉 이 이론들은 반자본주의를 표방하면서 자본주의를 반박하고 혁명을 선동하는 정통 공산주의의 실질적 핵심이었을 뿐만 아니라, 사회주의와 비사회주의 이론이 마르크스의 자본주의 비판을 둘러싼 논의를 할 때도 결정적 계기로 작용했다. 물론 후자의 경우에 속하는 이론들은 자본주의 체제를 급격한 변화를 거쳐 혁명하려는 계기로 삼은 것이 아니라, 노동의 성과에 대한 정당한 참여, 즉 노동자 계급의 사회적 안정성을 위한 투쟁을 통해 체제 내부로부터 개혁하려는 계기로 삼았다.

자본주의 체제가 머지않아 붕괴하리라는 마르크스의 예언은 현대적 대중민주주의에 기초한 고도로 기술화한 산업국가에서는 실현되지 않았는데, 그 이유는 대다수 산업국가에서 노동자 운동과 노동조합운동을 통해 기업가에 의한 노동자에 대한 끝없는 소유 박탈 과정을 이와는 정반대되는 과정, 즉 노동자들이 이윤과 사적 자본에 참여하는 비율을 상승하는 축적 과정으로 전환하는 데 성공했기 때문이다.

서구 산업국가의 자본주의 체제는 사회주의라는 마르크스를 통해 태어난 반자본주의 이론, 즉 사회주의의 정신을 토대로 영원한 개혁을 거치지 않았다면 이미 오래전에 마르크스가 지시한 프롤레타리아 혁명의 소용돌이에 빠지고 말았을 것이다. 이 점에서 자본주의에 관한 카알 마르크스의 위대한 사상은 현실에서는 바로 이 사상 자체를 통해 반박된 셈이다. 이 반자본주의적 이론이 현실에 주입됨으로써 자본주의 체제는 영원한 개혁을 하지 않을 수 없도록 자극받았고, 이 개혁은 마르크스의 고전적 예언에 따르면 이미 오래전에 발생했어야 할 대중적 빈곤과 생산의 무정부 상태로의 전락을 억제하기에 충분한 면역력을 갖추게 해주었기 때문이다.

이와 동시에 우리는 사회주의 국가들이 겉으로는 '자본주의'를 전면적으로 비판하면서도 실제로는 이 국가들이 비방해 마지않는 '자본주의적' 방법, 즉 아래로부터 생산을 조종하는 방법으로 회귀하는 현상을 관찰할 수 있다. 즉 수요와 공급의 상호작용, 손익계산과 같은 생산 자본주의 방법과 이윤 자본주의의 방법으로 회귀하고 있다. 그리하여 사회주의 체제 내부에서도 노동자의 '물질적 이익'이라는 원칙을 재발견하고 재사용하고 있다. 더 나아가 최소한 수공업과 소규모 산업의 영역에서 사소유권을 다시 허용함으로써 사적 자본주의라는 방법으로도 회귀하고 있다.[1]

자유방임주의라는 순수 자본주의 체제에 가까웠던 서구의 초창기 산업사회에 대한 마르크스의 철저한 비판은 분명 타당성이 있었다. 더욱이 인간을 '인간의 눈'이 아니라 '국민경제학적' 눈으로만 바라보는 사회[2]에 대한 그의 비판이 지닌 인간주의적 내용은 오늘날에도 여전히 타당하다. 그리고 마르크스가 비판했던 생산수단의 사적 소유(특히 거대산업의 경우)로 인해 발생한 독점자본주의는 인간적 관점에서든 정치적 관점에서든 자본주의 체제의 심각한 문제에 해당하고, 따라서 이에 대한 마르크스의 비판 역시 오늘날에도 분명 타당성이

---

1 이에 관해서는 *Werner Maihofer*, Sozialistischer Gesellschaftsentwurf und demokratische Staatsverfassung, in: G. *Szczesny*(Hrsg.), Club Voltaire, Jahrbuch für kritische Aufklärung, III, 1967, S. 49 이하 참고.

2 이에 관해서는 *Maihofer*, Demokratie und Sozialismus, in: S. *Unseld*(Hrsg.), Ernst Bloch zu ehren, Beiträge zu seinem Werk, 1965, S. 31 이하, 특히 50 이하 참고.

있다. 하지만 마르크스를 맹목적으로 추종하면서 '자본주의'에 대한 전면적 비판을 이어가는 일은 오늘날에는 시대착오적이고 또한 비판 대상 자체가 없는데도 비판하는 공허한 비판에 불과하다.

이 자본주의에 관한 한, 오늘날 우리는 어떠한 정치적 진영에 속하든 관계없이, 즉 자유민주주의이든, 사회민주주의이든 또는 기독교 민주주의이든 관계없이 모두 마르크스주의자이다. 다시 말해 오늘날 우리는 비록 강도의 차이는 있지만 모두 원칙적으로 **자본주의의 인간화**를 요구한다는 점(정통 마르크스주의자들이 주장하는 자본주의의 청산을 요구하지 않는다)에서는 공통점을 갖는다. 이 맥락에서 우리 모두 **독점 자본주의의 폐지**를 요구하고, 시장지배 기업의 생산수단 소유와 관련해 **사적 자본주의의 제한**을 요구하며, 단체협약 관련 정책이나 노동 관련 입법을 통해 **이윤 자본주의를** 적절히 제한하라고 요구한다. 그 때문에 노동자가 공동생산자로 기업의 경영을 함께 결정할 수 있어야 한다고 요구한다. 즉 노동과 임금에 의존하는 노동자의 예속과 착취를 불식시켜야 한다는 소극적 주장에 머물지 않고, 한 걸음 더 나아가 사소유권과 사적 자본을 토대로 조직된 사적 자본주의 경제체계에서 노동조직이 타인에 의해 규정되고 노동생산성이 타인의 이익에만 봉사하는 생산 관계로 인해 발생하는 노동자의 자기소외를 폐기해야 한다는 적극적 주장까지 제기한다. 이 점에서 오늘날 우리 모두에게 ― 비록 말 그대로의 의미의 마르크스주의자는 아닐지라도 ― **자본주의는 해결해야 할 문제가** 되었다. 자본주의가 해결해야 할 문제라는 테제를 통해 트리어Trier에서 부르주아의 자식으로 태어난 마르크스는 프롤레타리아 혁명을 거쳐 탄생한 사회주의 국가들뿐만 아니라 서구의 자본주의 사회 내에서도 정신적 승리를 거두었고, 이 승리가 미친 영향은 여전히 계속되고 있다.

그렇지만 우리가 앞에서 마르크스의 사상에서 아직 제대로 밝혀져 있지 않은 주제가 있다고 말했을 때 염두에 두었던 주제는 자본주의 라는 주제와는 완전히 다른 주제이다. 즉 마르크스가 오늘날의 자본 주의 사회와 사회주의 사회에 대해 이 사회의 과거와 현재가 아니라 다가올 미래와 관련해 말하고자 했던 주제는 바로 민주주의이다.

우리 서구사회뿐만 아니라 사회주의 국가에서도 —마르크스주의 자이든 마르크스주의자가 아니든 관계없이— 매우 오랜 기간에 걸쳐 당연히 핵심적인 지위를 차지했던 **자본주의**라는 주제는 마르크스의 이론에 관한 관심에서 점차 뒷전으로 물러서게 되었다. 즉 마르크스 가 살던 당시의 자본주의 체제에 관한 이론에 관한 관심은 상당히 줄 어들었다. 그 대신 마르크스의 사상을 더 인간적인 새로운 사회에 관 한 이론이라는 측면에서 파악하려는 관심이 더 높아졌다. 그리하여 이제는 마르크스의 사상이 지닌 다른 측면, 즉 대내적으로는 관헌국 가, 대외적으로는 권력국가를 지향했던 과거의 **권위주의 체제**—이는 서구의 역사가 근대로 전환될 때부터 해결해야 할 문제로 떠오르기 시작했다— 보다 더 **인간다운 법**과 더 **인간적인 국가**를 기획한 이론이 라는 측면에 많은 관심을 보이게 되었다.

자본주의가 혁명을 통해 폐지된 곳이든 아니면 개혁을 통해 변형된 곳이든 어느 곳에서도 혁명과 개혁을 통해 **민주주의**까지 달성되지는 않았다. 다시 말해 권위주의 체제의 대내적 관헌국가와 대외적 권력 국가라는 과거의 국가형태가 하룻밤 사이에 사라지지는 않았다. 오히려 정반대이다. 자본주의를 그 뿌리까지 잘라내려고 시도했던 국가에서는 프롤레타리아 혁명이라는 새로운 사회주의적 성취를 거쳐 기본권의 보장, 소수자 보호와 같은 프랑스 혁명의 성취가 한동안 실천적 및 이론적 차원에서 완전히 망각상태에 빠지고 말았다. 법과 국가에 관한 마르크스의 전체 사상이 "과거의 사상을 완수하는 것",[3] 즉 마르크스가 고향 트리어에 살 때 고등학생으로서 그 자신과 그의 가족 그리고 주변 사람들이 열광해 마지않았던[4] 프랑스 혁명의 사상을 완수하는 것이었다는 점을 고려하면 정통 마르크스주의에서 바로 이러한 사상이 망각에 빠진 것은 놀라운 일이 아닐 수 없다.

---

3 마르크스가 루게(Arnold Ruge)에게 보낸 한 편지에 등장하는, 그의 새로운 사상의 '모토'에 따르면 모든 것은 종교적 및 정치적 의식의 '개혁'에 달려 있고, 이를 위해 마르크스 자신이 헤겔의 법철학과 국가철학에 내재한다고 보았던 기존의 '신비적 의식'을 철저히 분석해야 한다고 말한다. "이제 세계가 의식하기만 한다면 실제로 가질 수 있는 상태에 관한 꿈을 이미 오래전부터 갖고 있다는 사실이 밝혀진다. 그러니까 과거와 현재 사이에 무슨 거대한 사상의 차이를 만들어 내야 하는 일이 아니라 과거의 사상을 완수하는 것만이 중요할 따름이다(*Marx, Früschriften*, Band I, Ausgabe H.-J. Lieber, 1962, S. 450)."

4 이에 관해서는 특히 *Heinz Monz, Karl Marx und Trier*, 1964; *Hans Pradel, Wie kam Karl Marx in Trier zum Sozialismus? Ein Beitrag zum Lebensbild des jungen Marx*, 1965 참고. 청년 마르크스의 사회사상과 정치사상에 관해서는 *Shlomo Avineri, The social and political thought of Karl Marx*, 1968 참고. 아비네리가 프라하에서 열린 제4회 국제 헤겔학회(1966년)에서 행한 강연(= Avineri, ebd., S. 8 이하)은 내가 이 책을 통해 펼치는 청년 마르크스의 법사상과 국가사상에 관한 연구에 결정적 계기가 되었다.

Ⅰ. 고전적 마르크스주의에서 법과 국가

트리어, 베를린, 파리 시절에서 시작해 1844년의『경제학-철학 초고』에 이르는 청년 마르크스의 사상을 1845년부터 엥겔스와 밀접한 공동작업을 통해 대중에게 알려지게 된 물질주의(유물론)적 철학과 사회주의 이론의 사전단계에 해당하는 관념론적 사상으로 치부하는 것이 오늘날 일반적 경향이다. 하지만 흔히 초기저작이라고 부르는 청년 마르크스의 저작들을 조금만 살펴보아도 이미 이 시기에 물질주의적이고 사회주의적인 이론이 전개되었다는 사실을 금방 알 수 있다. 즉 마르크스의 초기저작에는 그가 전 생애에 걸쳐 만들어 낸 엄청난 저작의 결정적 실마리들이 이미 담겨 있고, 이를 통해 우리는 그의 작품이 어떻게 해서 성립하게 되었는지를 개략적으로나마 파악할 수 있다.

그 때문에 이 자료들이 공개되었는데도 마르크스가 초기에는 관념론자였다가 후기에 물질주의자가 되었고, 따라서 청년 마르크스와 노년 마르크스 사이에는 단절이 존재한다는 식으로 말하는 것은 허구에 불과하다. 그의 위대한 철학 스승이었고 1837년에 트리어의 아버지에게 보낸 편지에서 자신을 썩 감동하게 만들지 못하는 '바위틈에서 뿜어져 나오는 웅장한 멜로디'로 표현했던[5] 헤겔에 대해 처음으로 비판적인 언급을 할 때 마르크스는 이미 루드비히 포이어바흐의『미래 철학의 원칙(Grundsätzen der Philosophie der Zukunft)』과『기독교의 본질(Das Wesen des Christentums)』을 접하고 크게 감동한 이후였고, 이때 이미 단순히 감정적인 차원을 뛰어넘어 자신이 그저 반관념론자

---

5 *Marx*, Frühe Schriften, Ausgabe Lieber, S. 13.

가 아니라 물질주의자라는 것을 분명하게 의식하고 있었다. "관념론에서 벗어나 저는 … (아직 포이어바흐의 철학을 접하기 이전인 이 초기의 편지에서 이미 반헤겔주의를 기치로 내세웠던 포이어바흐의 철학적 전환과 똑같은 의미로 이렇게 언급하고 있다) 현실 자체에서 이념을 찾는 쪽으로 옮겨왔습니다. 예전에는 신들이 지구 위의 천상에 살았다면 이제는 지구 중심에 살게 된 것입니다."[6]

이 편지를 쓸 당시 마르크스는 아버지의 소망에 따라 법학과 행정학 강의를 들으면서 법률가가 될 준비를 했고, 자신이 '행정 법률가'가 될 수도 있다는 희망을 아버지에게 심어주었다. "나중에 사법관 시보를 하면서 박사학위를 취득하면 곧장 법과대학 특임교수가 될 전망도 상당히 높습니다."[7]

젊은 법학 교수를 꿈꾸던 마르크스가 베를린 대학 박사과정 학생들 모임의 좌파 헤겔주의 동료들보다 법학에 대해 더 많은 식견을 가졌던 것은 조금도 놀라운 일이 아니고, 에피쿠로스에 관한 철학 박사학위 논문을 쓴 이후 첫 저작들이 헤겔의 국가철학과 법철학에 대한 비판이었으며 언론계로 도피한 이후 그가 처음으로 논쟁적으로 다룬 주제가 뒤셀도르프의 라인 주의회에서 논의되던 언론의 자유와 산림절

---

6 *Marx*, ebd. 같은 편지에서 마르크스가 "제가 증오하는 견해를 저의 우상으로 만들어야만 한다는 사실이 가져다주는 엄청난 분노" 때문에 "불편하기 짝이 없는 상태"에 빠졌다고 언급한 점도 특히 주목할 필요가 있다. 그 때문에 마르크스는 베를린의 좌파 헤겔주의자 박사과정 학생들 모임에서 벌인 논쟁에 대해 이렇게 쓸 수 있었다. "제가 벗어나려고 하는 현재의 가치철학에 갈수록 더 강하게 얽히고 있습니다." 이렇게 해서 마르크스는 이미 1837년에 헤겔의 '가치철학'과 관련해 같은 시기에 포이어바흐가 터뜨린 종교비판과 비슷한 입장을 갖게 되었다. 마르크스는 1839년에 자신의 박사학위 논문인 『데모크리토스의 자연철학과 에피쿠로스의 자연철학의 차이에 관하여』를 쓰면서 포이어바흐의 '새로운 철학의 역사'를 접하게 된다.
7 *Marx*, Frühe Schriften, Ausgabe Lieber, S. 16.

도법(Hozdiebstahlgesetz)이었다는 사실 역시 놀라운 일이 아니다. 이 점에서 그의 물질주의 이론과 사회주의 이론의 싹이 움트던 결정적인 시기에 청년 마르크스는 그 무엇보다 법과 국가와 관련된 주제를 깊이 다루었다고 말해도 무방하다.

라인 주의회의 논의에 대한 이데올로기 비판적 분석과 헤겔의 법철학과 국가철학에 대한 비판에서 마르크스가 다룬 거대한 주제 하나는 민주주의적 국가헌법이라는 주제였고, 이 주제는 그가 그의 삶에서 다룬 또 하나의 거대한 주제인 사회주의적 사회질서라는 주제보다 시기적으로 앞선다. 물론 후자의 주제는 청년 마르크스 사상이 펼쳐지는 두 번째 단계에서 이미 핵심주제가 되었다. 이 점은 독학으로 경제학을 학습하던 청년 마르크스가 파리 시절에 작성한『경제학-철학 초고』에 등장하는 수많은 경제학 관련 발췌 메모가 너무나도 분명하게 보여주고 있다.

우리는 법과 국가에 관한 청년 마르크스의 사상을 구체적으로 살펴보기 전에 먼저 고전적 마르크스주의에서 통상 마르크스와 엥겔스에서 비롯된 법과 국가에 관한 이론으로 여겨지는 내용이 무엇인지를 확인하고자 한다. 그렇게 해야만 법과 국가라는 주제에 대해 마르크스 자신이 말한 내용과 마르크스주의가 말한 내용이 서로 일치하는지 아니면 서로 모순되는지에 관한 최종적인 판단을 내릴 수 있기 때문이다. 더 나아가 만일 양자가 서로 모순된다면, 이 모순이 마르크스 사상에 내재하는 모순인지, 다시 말해 청년 마르크스와 노년 마르크스 사이의 모순인지에 관해서도 최종적인 판단을 내릴 수 있을 것이다.

1. 계급지배의 표현과 도구로서의 법과 국가

고전적 마르크스주의에서 법과 국가는 이데올로기적 사실, 즉 계급지배와 계급투쟁의 표현이자 도구로 파악된다.

이미 고대 그리스의 계몽기에 소피스트 트라시마코스가 법이란 '강자들에게 유리한 것'이라고 주장했듯이 마르크스 역시 근대라는 시대가 시작되는 사회과학적 계몽의 맹아기에 봉건사회에서는 신분을 통해, 자본주의에서는 소유를 통해 특권을 갖는 특정한 계급의 지배를 표현한 것이자 이 지배의 도구가 곧 법이라고 파악한다.

이로써 법은 과거의 모든 사회의 이데올로기적 상부구조의 한 부분이고, 그때그때의 지배계급이 피지배계급을 착취하는 자신들의 지배를 마치 정당하거나 자연적이며 또는 신이 원한 것처럼 정당화하기 위한 허위의식의 한 부분이라고 주장한 셈이다.[8] 따라서 마르크스가 보기에 지금까지 존재했던 모든 사회질서의 법 ― 봉건주의의 법이든 자본주의의 법이든 ― 은 이 사회질서의 도덕과 마찬가지로 이 '지배하는 사상'의 한 부분일 따름이다. 이 '지배사상'에 관해 마르크스는 이렇게 말한다. "지배적인 물질적 관계, 즉 한 계급을 지배계급으로 만드는 관계, 그러니까 이 관계의 지배를 표현하는 사상"[9]은 바로 이 지배계급을 법형식을 통해 정당화하고 정당성의 외관을 씌우는 것만을 유일한 목적으로 삼는다.

---

8 이에 관해서는 *Maihofer*, Ideologie und Recht, Juristische Vorbemerkungen zum Thema, in: *ders.*(Hrsg.), Ideologie und Recht, 1968 참고.

9 *Marx/Engels*, Die deutsche Ideologie, in: Die Frühschriften, Ausgabe Landshut, 1953, S. 373 이하.

그 때문에 「공산당 선언」은 기존의 지배계급의 법에 맞서 다음과 같은 강령적 테제를 제기한다. "너희들의 법은 단지 법률로 고양한 너희들의 의지일 따름이다 … 즉 너희 계급의 물질적 삶의 조건을 내용으로 하는 의지일 따름이다."[10] 이 삶의 조건은 ― 마르크스주의의 이해에 따르면 ― 무엇보다 부상하는 자본주의 산업사회의 생산수단에 대한 부르주아 계급의 소유를 통해 규정된다.

법과 마찬가지로 국가도 마르크스에게는 계급지배의 표현이자 도구이다. 즉 국가는 "지배계급에 속한 개인들이 그들의 공통된 이익을 관철하는" 형식이다. 마르크스에 따르면 자본주의 체제의 국가에서 이 형식은 곧 "부르주아들이 대내외적으로 자신들의 소유권과 이익을 상호 보장하는 데 필요한 조직형식"을 말한다.[11]

마르크스에서 그렇듯이 훗날의 마르크스주의에서도 법과 국가는 이데올로기적 사실, 즉 계급지배의 속성과 도구이다. 그 때문에 슈트츠카Stutschka ― 그의 저작은 오늘날에도 마르크스-레닌주의의 정통 이론에 속한다 ― 는 법과 국가의 이데올로기적 성격을 다음과 같이 간명하게 말한다. "법과 국가는 계급지배의 속성 또는 형식이며, 그

---

10 *Marx/Engels*, Manifest der Kommunistischen Partei, in: Die Frühschriften, Ausgabe Landshut, 1953, S. 543.
11 *Marx/Engels*, Die deutsche Ideologie, in: Die Frühschriften, Ausgabe Landshut, 1953, S. 409(= MEW, Bd. 3, S. 62). 이러한 이익은 계급지배가 종식될 때까지 언제나 '공통의 이익이라는 허상'에 불과하다는 점을 마르크스 자신도 명확하게 표현하고 있다. 이 맥락에서 그는 이렇게 말한다. "다른 지배계급을 대체하는 새로운 계급은 언제나 자신들의 목적을 수행하기 위해 그들 자신의 이익을 마치 사회 모든 구성원의 공통의 이익인 것처럼 서술하지 않을 수 없다. 즉 이념을 중심으로 표현한다면, 이 새로운 지배계급의 사고에 보편성이라는 형식을 부여하고 이 사고를 유일하게 이성적이며 보편타당한 사고로 서술하지 않을 수 없다(ebd., S. 375)."

이상도 그 이하도 아니다."[12]

그리하여 슈트츠카는 법, 국가 그리고 계급지배는 서로 떼려야 뗄 수 없을 정도로 밀접하게 맞물려 있어서 혁명에 성공한 노동자 계급의 법이 이른바 프롤레타리아 독재라는 과도기에는 새로운 지배계급인 프롤레타리아가 여전히 남아 있고 계속 저항을 일삼는 계급의 적들에 대항하기 위한 수단인 '노골적인 계급법'으로 파악되어야 한다고 말하기를 조금도 주저하지 않는다.[13] 즉 자본주의(또는 러시아와 같은 봉건주의)에서 사회주의를 거쳐 공산주의에 도달할 때까지의 과도기에는 법과 국가도 법의 성격과 밀접하게 결합해 있다고 생각하는 계급적 성격을 유지하고, 다만 지배/피지배 관계의 방향만이 다를 뿐이다. 이 맥락에서 마르크스 역시 고타 강령(Gothaer Programm)을 비판하면서 과도기의 국가에 관해 얘기하고 있다. "자본주의 사회와 공산주의 사회의 중간에는 전자가 후자로 바뀌는 혁명적 전환의 시기가 존재한다. 이 시기에 상응해 정치적 과도기도 존재하는데, 이 과도기의 국가는 **프롤레타리아의 혁명적 독재** 이외의 다른 것이 될 수 없다."[14]

---

12 *Peter Iwanowitsch Stutschka*, Das Problem des Klassenrechts und der Klassenjustiz, in: Kleine Bibliothek der russischen Korrespondenz, Bd. 80 이하, 1922, S. 21.

13 슈트츠카는 예컨대 ebd., S. 29 이하에서 이렇게 말한다. "**프롤레타리아의 법**은 숨바꼭질 따위는 하지 않고 또한 어떠한 이원주의도 배제한 상태에서 **노골적인 계급법**으로 등장한다. 이 법은 최고로 혁명적인 법으로서 단지 과도기의 법이라고 주장할 따름이다. **따라서 계급국가가 사멸하면 프롤레타리아 계급법 자체도 사멸한다.**"

14 *Marx*, Politische Schriften, Ausgabe Lieber, Bd. III/2, 1960, S. 1034. 이와 관련해 엥겔스는 매우 주목할 만한 언급을 남겨 놓았다. "현실에서 국가는 한 계급이 다른 계급을 억압하기 위한 기계에 불과하고, 이 점은 민주주의 공화국이라고 해서 군주정과 별반 다를 게 없다. 설령 최상의 경우일지라도 계급지배를 둘러싼 투쟁에서 승리한 프롤레타리아가 물려받게 될 (국가를 중시하는 과거의) 해악과 **이 해악의 가장 나쁜 측면 — 프롤레타리아든 코뮌이든 이 측면에서 벗어나기 어렵다 — 을 최대한 빨리 제거해야 한다.** 그래야만 새롭고 자유로운 사회상태로 발전한 인류가 국가라는 쓸데없는 잔재에서 벗어날 수 있다(*Engels*, Einleitung zu: Karl Marx,

2. 법과 국가의 '사멸'

역사상 존재했고 또한 존재하는 법과 국가의 이데올로기적 성격에 관한 마르크스의 이러한 테제로부터 마르크스의 위대한 저작들이 산통을 겪을 때 최상의 조력자였고, 개인적으로 마르크스를 도운 충실한 친구였지만 동시에 때로는 과도한 도움으로 인해 오히려 마르크스의 사상을 이해하는 데 해를 끼치기도 했던(법과 국가에 관한 이론에서도 그렇다) 엥겔스에 의해 창시된 고전적 마르크스주의 이론은 단순히 역사상의 법과 지금까지 존재했던 국가가 아니라 **법과 국가 자체가 그 본질상 계급적 성격을 갖는다**는 결론을 도출한다(마르크스 자신은 분명 역사상의 법과 국가에 대해서만 계급적 성격을 갖는다고 말했을 뿐이다).

이처럼 고전적 마르크스주의는 마르크스 본인이 제기한 테제의 전제를 은근슬쩍 변경해버렸다. 즉 법과 국가가 사실상(현실적) 계급법과 계급국가였고 현재에도 그렇다는 데 그치지 않고 규범적(이념적)으로도 계급법이자 계급국가일 수밖에 없다고 한다. 이렇게 변경된 전제로부터 과도기의 종말(즉 훗날 완벽한 공산주의가 도래한 시점)과 함께 계급지배가 종언을 고하면 법과 국가도 종언을 고한다는 (이 이론의 주장에 따르면) 필연적인 결론이 도출된다고 한다. 즉 법과 국가가 '**사멸**(Absterben)' 또는 '**수면**(Einschlafen)' 상태에 도달하지 않을 수 없다는 것이다.

정치적 기관인 **국가**가 이처럼 '**수면**' 또는 '**사멸**' 상태에 빠진다는 것은 모든 법과 국가의 계급적 성격을 전제하는 관점에서 보면 마치

Der Bürgerkrieg in Frankreich, in: MEAS I, S. 457 — 강조는 지은이)."

논리 필연적인 결론인 것처럼 여겨지고, 그 때문에 엥겔스는 그의 저작『유토피아에서 과학으로 발전하는 사회주의』에서 다음과 같이 말할 수 있었다. "국가가 실제로 전체 사회의 대표자로 등장한 서막 — 즉 사회의 이름으로 생산수단에 대한 소유권을 장악한 것 — 은 동시에 국가가 국가로서 독자성을 마감하는 종막이다. 국가권력이 사회적 관계를 장악하는 일은 여러 영역에서 차츰차츰 쓸데없게 되고 저절로 수면 상태에 도달하게 된다. 그리하여 인간에 대한 통치는 이제 실질적 문제의 관리와 생산과정의 지휘로 대체된다. 따라서 국가는 '폐지' 되는 것이 아니라 저절로 사멸한다."[15] 이 책의 다른 곳에서는 이렇게 말하기도 한다. "사회적 생산의 무정부 상태가 사라지면서 국가의 정치적 권위도 수면 상태에 들어간다."[16] 그리하여 생산자들의 자유롭고 평등한 연합에 기초해 새롭게 조직되는 사회는 (엥겔스의『가족, 사소유권 및 국가의 기원』에 따르면) "전체 국가 기계를 그것이 속해야 할 곳인 고대유물 박물관에 물레와 동 도끼 옆에" 옮겨놓게 될 것이라고 한다.[17]

따라서 엥겔스가 고타 강령을 비판하면서 이렇게 요구하는 것은 우리로서는 전혀 놀랍지 않다. "이미 그 자체 전혀 국가라고 할 수 없는 코뮌이 존재한 이후 국가에 대한 온갖 잡설은 이제 그만해야 한다. 프루동Proudon을 비판한 마르크스의 글과「공산당 선언」에서 사회주의 사회질서가 도래하면 국가는 저절로 해체되고 사라진다고 직접 말했는데도

---

15 *Engels*, Die Entwicklung des Sozialismus von der Utopie zur Wissenschaft, in: MEAS II, S. 139.

16 *Engels*, ebd., S. 144.

17 *Engels*, Der Ursprung der Familie, des Privateigentums und des Staates, in: MEAS II, S. 299.

불구하고 무정부주의자들은 '인민국가'라는 말을 지겨울 정도로 떠들어댄다. '국가'는 투쟁과 혁명의 와중에서 적들을 폭력적으로 말살하기 위해 이용하는 과도기적 장치이기 때문에 자유로운 '인민국가'라고 떠드는 것은 터무니없는 일일 뿐이다. 프롤레타리아가 국가를 이용하는 동안에는 자유라는 이익을 위해서가 아니라 오로지 적을 말살하기 위해서만 국가가 필요할 따름이다. 자유라는 말을 할 수 있을 때는 이미 국가의 존립 자체가 소멸한 상태이다."[18]

엥겔스의 이 언급들에서는 세 가지 생각해볼 만한 측면이 눈에 띈다. 첫째, 「공산당 선언」에서 "사회주의 사회질서가 도래하면 국가는 저절로 해체되고 사라진다"라고 '직접 말했다'는 엥겔스의 주장은 맞지 않는다. 「공산당 선언」에서는 단지 "**발전이 이루어지면서 계급의 차이는 사라지고 모든 생산이 연합한 개인들의 손에 집중되면, 공적 권력은 정치적 성격을 상실한다** … 계급과 계급의 대립으로 점철된 과거의 부르주아 사회는 **한 개인의 자유로운 발현이 곧 모든 개인의 자유로운 발현의 조건이 되는 연합**(Assoziation)으로 대체된다"[19]라고 말할 뿐이다.

엥겔스의 두 번째 주장, 즉 마르크스가 1847년에 출간된 책 『철학의 빈곤』에서 프루동을 비판하면서 국가의 소멸을 '직접' 말했다는 주장 역시 옳지 않다. 이 책에서 마르크스는 단지 이렇게 말했을 뿐이다. "발전이 이루어지면서 노동자 계급은 과거의 부르주아 사회 대신

---

18 이 구절은 1875년 3월에 엥겔스가 베벨(August Bebel)에게 쓴 편지에서 고타 강령을 비판한 내용 중 일부이다. 이 편지는 MEAS II, S. 34에 실려 있다(강조표시는 지은이).

19 *Marx/Engels*, Manifest der Kommunistischen Partei, in: Die Frühschriften, Ausgabe Landshut, S. 548(강조는 지은이).

계급과 계급의 대립을 배제하는 연합을 정립할 것이고, 그렇게 되면 정치권력은 더 이상 존재하지 않게 된다. 정치권력이란 부르주아 사회 내에서 계급의 대립을 공식적으로 표현한 것이기 때문이다."[20]

마르크스 자신의 저작 어디에도 국가의 사멸이라는 말이 없다(단지 엥겔스와 그를 추종하는 고전적 마르크스-레닌주의에서만 등장한다). 레닌은 『국가와 혁명』에서 국가의 사멸과 관련해 이렇게 말한다. "자본주의도 없고 계급도 없으며, 따라서 **억압**할 계급 자체가 없으면 국가는 사멸한다."[21] 그리고 러시아에서 공산주의가 완전히 승리하고 자본주의적 및 봉건적 계급의 모든 잔재가 파괴된 이후에도 기대와는 달리 '국가의 사멸'이라는 구원론적 예상이 실현되지 않았을 때 스탈린은 오늘날에도 세계 공산주의의 핵심문제에 대한 변명으로 삼는 다음과 같은 말을 남겨 놓았다. "공산주의의 시대에도 우리가 국가를 계속 유지해야 하는가? 그렇다! 국가는 우리를 에워싸고 있는 자본주의가 제거되지 않는 한 유지해야 한다 … 그러나 자본주의가 제거되고 사회주의적 세계로 대체되면 국가는 유지할 필요가 없이 사멸할 것이다!"[22]

국가의 사멸에 관한 테제가 궁극적으로는 계급 대립과 대내외적 계급투쟁의 제거 이후까지 유예된다고 보는 엥겔스의 서술[23]에서는 세

---

20 *Marx*, Das Elend der Philosophie, in: Die Frühschriften, Ausgabe Landshut, S. 524.
21 *Lenin*, Staat und Revolution, in: Ausgewählte Werke in drei Bänden, 1961, Bd. II, S. 397.
22 *Stalin*, Fragen des Leninismus, 1947, S. 728.
23 이와 관련해 엥겔스의 사고는 흥미롭게도 그의 이론과는 정반대되는 관념론의 사변적 국가이론과 일치한다는 점을 확인할 수 있다. 예컨대 사변적 국가이론의 정점이라고 할 수 있는 피히테는 국가에 관해 이렇게 쓰고 있다. "국가에서의 삶은 어떤 위대한 인간이 무어라고 말하든 관계없이 인간의 절대적 목적에 속하지

번째 측면도 깊이 생각해 볼 필요가 있다. 엥겔스는 사회의 발전이 더 높은 단계에 도달해 계급 대립이 폐기된 이후 "자유라는 말을 할 수 있을" 때, 즉 프롤레타리아가 국가를 "자유라는 이익을 위해 이용할 수 있을" 때는 '국가 자체'가 '존립'을 멈추고 '공적 권력'으로서의 '정치적 성격'을 상실하지만(이 점은 「공산당 선언」에 분명하게 밝혀져 있다), "한 사람의 자유로운 발현이 곧 모든 사람의 자유로운 발현을 위한 조건이 된다"라고 말하는 개인들의 자유로운 연합으로서의 '계급 없는 사회'에서도 이 연합과 관련된 조직이 필요하다고 생각하며, 이 조직 자체를 엥겔스는 국가라는 용어 대신 '공동체(Gemeinwesen)'라는 용어로 부르자고 제안한다. 그러면서 이 공동체라는 "훌륭한 독일어 단어가 프랑스어 '코뮌(Commune)'을 충분히 대체할 수 있다"라고 하면서, 이 단어가 공적 또는 '공동의' 문제를 뜻하는 라틴어인 'res publica'에서 비롯된 것으로서, 궁극적으로 공화국(Republik)과 일치한다고 말한다.[24]

않는다. 오히려 국가에서의 삶은 그저 **완벽한 사회를 설립하기 위해 일정한 조건하에 진행되는 수단**에 속할 따름이다. 인간의 모든 제도가 단순한 수단에 불과하듯 이 국가라는 제도도 그 자체의 말살을 향해 나아간다. **모든 정부의 목적은 정부 자체를 불필요하게 만드는 것이다.** 아직 그렇게 할 시점이 도래하지 않았을 따름이다 … 하지만 선험적으로 지시된 인류의 궤도에서 국가의 모든 구속이 불필요하게 되는 시점이 분명히 온다. 그 시점은 육체적 강함과 지적 교활함 대신 명확한 이성이 최고의 법관으로 보편적 인정을 받는 시점이다(Johann Gottlieb Fichte, Über die Bestimmung des Gelehrten, Zweite Vorlesung, Sämtliche Werke, Bd. VI, 1845, S. 306)."

24 이 구절들도 1875년 3월에 엥겔스가 베벨에게 쓴 편지에서 고타 강령을 비판하는 맥락에서 등장한다(MEAS II, S. 34). 마르크스도 파리 코뮌이 추구했던 계급 없는 사회에서 장래의 국가를 '공화국'이라는 단어로 표현한다. 이 맥락에서 그의 저작 「프랑스 내전」에는 다음과 같은 구절이 있다. "파리의 프롤레타리아가 2월혁명을 시작하면서 부르짖은 '사회적 공화국'은 군주주의적 형태의 계급지배뿐만 아니라 계급지배 자체까지 제거한 공화국에 대한 막연한 요구를 표현하고 있다. 코

오늘날의 마르크스-레닌주의에서도 도저히 혼동할 수 없을 정도로 분명하게 자유의 사상에 기초하고 있고, 공산주의에서도 종국적으로는 마르크스가 기약했지만 그사이 차츰차츰 퇴색해버린 이 '자유의 왕국(Reich der Freiheit)'[25]에서 법 또는 국가는 모든 사람이 최대한의 자유와 평등한 자유를 누리면서 개인적 욕구를 충족하고 개인적 능력을 발현하는 미래의 사회질서에 어떠한 공헌을 해야 하고 또한 할 수 있을 것인가?[26]

모든 사람에게 평등한 최대한의 복리와 정의가 실현된 이와 같은

뮌은 이러한 공화국의 확실한 형태이다(*Marx*, Der Bürgerkrieg in Frankreich, in: MEAS I, S. 480)."

25 이 자유의 왕국을 마르크스는 단순히 계급지배 그리고 인간의 인간에 대한 착취와 예속에서 벗어난 사회로 이해한 것이 아니라, "필요와 외적인 합목적성에 의해 규정되는 노동이 종식된" 사회로 이해했다. 따라서 마르크스에서 자유의 왕국은 —『자본』에서 서술하고 있듯이 — "사물의 본성상 물질적 생산의 영역에서 벗어난 영역"에 자리 잡는다. 그 때문에 설령 "사회화한 인간, 즉 연합한 생산자들"이 이러한 물질적 생산, 다시 말해 "그들이 행하는 자연과의 신진대사를 합리적으로 규율하고, 그들의 공동의 통제하에 두고 … 최소한의 힘을 들여 그들의 인간적 본성이 지닌 품위에 가장 걸맞고 가장 적절한 조건에서 이 신진대사를 수행할지라도 여전히 필연의 왕국에 머무르는 것일 따름이다"라고 말한다. 즉 마르크스에 따르면 이 필연의 왕국을 넘어설 때 비로소 "인간의 힘의 발현 그 자체가 목적으로 여겨지는 자유의 왕국이 시작되지만, 이 자유의 왕국은 필연의 왕국을 토대로 삼을 때만 비로소 번성할 수 있다"라고 한다(*Marx*, Das Kapitel, Bd. III, S. 873 이하).

26 이처럼 자유의 왕국에서 비로소 실현될 수 있고, 물질적 필연성의 피안에서 발현되는 계급 없는 사회의 최종적 목표설정을 마르크스는 「고타 강령 비판」에서 다음과 같은 유명한 구절로 표현하고 있다. "공산주의 사회 발전의 높은 단계, 즉 개인을 분업노동의 한 부분으로 편입시키는 예속이 사라지고, 이로써 정신노동과 육체노동의 대립이 사라진 이후, 노동이 삶을 위한 수단이 아니라 그 자체 첫 번째 삶의 욕구가 된 이후, 개인의 전면적 발현과 함께 생산력도 발전하고 공동체적 부의 모든 원천이 더욱 완전하게 흘러넘친 이후에 비로소 협소한 부르주아적 법의 지평을 완전히 뛰어넘을 수 있고, 그때야 비로소 사회는 '누구나 자신의 능력에 따라 일하고, 누구나 자신의 필요에 따라 받는다!'라는 기치를 내세울 수 있다(*Marx*, Politische Schriften, Ausgabe Lieber, Bd. III/2, S. 1024)."

계급 없는 사회에서 법은 어떠한 사회적 기능을 수행해야 하고 수행할 수 있으며, 국가는 어떠한 정치적 조직이어야 하고 어떠한 정치적 조직일 수 있는가?

오늘날의 마르크스-레닌주의가 제기하는 모든 물음 가운데 핵심적인 물음에 해당하는 이 물음에 대한 대답을 우리는 이미 엥겔스에 의해 본래의 마르크스와는 분리되어 버린 정통 마르크스주의 전통에서 찾을 수 없다. 더 나아가 마르크스주의라는 정치 이데올로기에서 『자본』 그리고 예컨대 「신성가족(Heilige Familie)」, 「독일 이데올로기(Deutsche Ideologie)」 등과 같이 약 1845년 이후부터 대부분 엥겔스와의 공동작업을 거쳐 출간된 마르크스주의의 표준적 저작에 나타난 마르크스의 사상으로부터도 대답을 찾을 수도 없다.

따라서 마르크스주의자이든 마르크스주의자가 아니든 마르크스가 다루었던 두 번째 커다란 주제인 '사회주의에서의 민주주의(Demokratie im Sozialismus)'와 관련해서는 정통 마르크스주의에서 대답을 구할 수는 없다. 이러한 상황에서 '계급 없는 사회', 즉 사회주의적 민주주의에서의 법과 국가에 대한 물음과 관련해 초기저작에 드러난 마르크스의 원래 사상은 과연 우리에게 무엇을 말해줄 것인가?

Ⅱ. 초기 마르크스의 사상에서 법과 국가

초기 마르크스에서는 직접적이든 간접적이든 국가나 법의 사멸을 언급한 적이 없다. 마르크스가 '사멸'이라는 단어를 사용한 맥락이 단

하나 있긴 하지만, 그것은 정치적 국가와 관련된 것이 아니라, 이와 정반대로 '부르주아 사회'와 관련된 것이다. 마르크스는 고타 강령을 비판하면서 이렇게 말한다. 다양한 문화민족의 다양한 국가가 "다양한 형식상의 차이에도 불구하고 모두 근대 부르주아 사회의 토대 위에 서 있고, 정도의 차이가 있지만 모두 자본주의적으로 발전했다는 공통점이 있다. 따라서 '오늘날의 국가'는 이런 의미로 이해할 수 있고, 이와 대립하는 미래에는 이 국가의 뿌리인 부르주아 사회가 사멸할 것이다."[27]

그런 이후 마르크스는 명시적으로 다음과 같은 물음을 제기한다. "공산주의 사회에서 국가는 어떠한 변화를 겪게 될 것인가? 다시 말해 현재의 국가 기능과 유사한 어떠한 **사회적 기능**이 계속 남아 있게 될 것인가?"[28]

이 물음에 대해 마르크스는 이렇게 대답한다. "이 물음은 오로지 학문적으로만 대답할 수 있고, 인민이라는 단어를 국가라는 단어와 수천 번 결합하더라도(즉 '인민국가' 또는 — 오늘날 흔히 말하는 — '인민 민주주의'라는 용어를 사용할지라도) 이 문제에 한치도 가까이 다가갈 수 없다."[29] 이 연장선에서 마르크스 자신은 후기 저작(1875년)에 해당하

---

27 *Marx*, Politische Schriften, Ausgabe Lieber, Bd. III/2, S. 1033. 따라서 마르크스는 미래의 공산주의 사회의 국가에서는 이 사회의 뿌리인 부르주아 자본주의의 마지막 잔재가 '사멸'할 것이고, 그 이전 단계인 '프롤레타리아 독재'에서도 이 잔재가 완전히 불식되지 않는다고 말하고 있을 뿐이다. 다시 말해 과거의 사회가 새로운 국가에서는 사멸하지만, 그렇다고 해서 필연적으로 이 새로운 사회의 새로운 국가까지 사멸하는 것은 아니다. 계급지배의 표현과 도구로서의 '사회적 기능'이 상실되어 국가 자체가 모든 사회적 기능을 상실할 때만 비로소 필연적으로 새로운 국가까지 사멸하는 상태가 발생한다.
28 *Marx*, ebd., S. 1033(강조는 지은이).
29 *Marx*, ebd., S. 1034. 여기서 마르크스가 유토피아적 사회주의자들의 이론적 사변

는 「고타 강령 비판」에서도 '공산주의 사회의 미래 국가'[30]는 마침내 달성한 '자유의 왕국'의 국가일 수밖에 없다고 말한다. 즉 더 이상 부자유와 불평등이 지배하는 계급적 사회가 아니라, 자유와 평등이 지배하는 완전한 인간성으로 해방된 계급 없는 사회에서 비로소 인간적인 국가와 인간다운 법이 실현된다는 것이다.

따라서 미래의 공산주의 사회에서 해방되어야 하는 것은 인간이지 국가가 아니다. 그래서 마르크스는 독일 노동자 정당의 고타 강령을 반박하면서 이렇게 묻는다. "자유국가란 무엇인가? 신민의 제한된 사고에서 해방되어 국가로부터 자유로워지는 것이 노동자들의 목적일 수는 없다 … 자유의 본질은 **국가를 사회의 상위에 있는 기관으로부터 사회의 하위에 있는 기관으로 변경하는 것**이며, 오늘날에도 어떤 국가 형태든 '국가의 자유'를 얼마만큼 제한하는지에 따라 더 자유롭거나 더 부자유로울 수 있다."[31]

따라서 실제로 마르크스는 기존의 국가와 법이 미래의 더 인간다운 사회에서 변화를 겪는다고 말하고 있다. 물론 이 변화를 통해 국가와 사회의 관계 그리고 국가와 인간의 관계가 역전된다. 즉 미래에는 사회가 국가를 위해 존재하는 것이 아니라 국가가 사회를 위해 존재한다. 이는 인간의 존엄을 보장하기 위한 독일 기본법 제1조에 관한 헤렌키엠제Herrenchiemsee 초안과 일치한다. "국가가 인간을 위해 존재하

에 대항해 '과학적'이라고 부르는 내용은 기존의 계급 대립이 극복되어 사라진 오늘날 국가의 정치적 실천을 구체적으로 분석할 때도 여전히 타당성을 갖는다. 즉 마르크스가 말하는 과학적 고찰을 거칠 때 비로소 모든 계급 대립이 폐기된 이후에도 법을 수단으로 삼는 국가를 통해서만 충족될 수 있는 사회적 기능들이 무엇인지를 뚜렷이 인식할 수 있다.

30 Marx, ebd., S. 1034.
31 Marx, ebd., S. 1032, 1033(강조는 지은이).

지, 인간이 국가를 위해 존재하지 않는다."[32]

따라서 한 개인 또는 인종, 계급, 신분, 소유에 비추어 특권을 누리는 집단이 사회의 다른 구성원들을 지배함으로써 확립된 과거의 **권위주의 국가**는 이제 완벽한 의미의 민주주의, 즉 피지배자들 스스로 자신을 지배하는 **민주주의 국가**로 대체되어야 한다.[33] 즉 인간은 법을 수단으로 삼는 국가를 통해 자기 자신을 지배하는 것이고, 이러한 자기지배는 계급이 없고 자유와 평등이 보장된 '인간다운 사회'에서도 자기통치, 자기행정, 자기사법(Selbstregierung, Selbstadministration, Selbstjustiz)을 통해 계속 일정한 '사회적 기능'을 수행해야 한다. 그렇다면 마르크스의 이해에 따르면 미래의 법과 국가는 인간다운 사회의 야기와 유지에 어떠한 공헌을 할 수 있고 해야만 하는 것일까?

계급 없는 사회에서의 **정당한 법과 진정한 국가**가 무엇인가라는 이 물음에 대한 청년 마르크스의 대답은 마르크스주의자이든 마르크스주의자가 아닌 사람에게든 그 어느 때보다 시의성을 지닌다. 동서의 민주주의 국가와 사회주의 국가 사이의 평화로운 공존만이 아니라 민주주의와 사회주의라는 정치체제 사이의 이데올로기적 공존까지 보장되는 새로운 시대에 대한 통찰이 양 진영 모두에서 점차 싹트고 있는 오늘날의 상황[34]을 에른스트 블로흐Ernst Bloch는 로자 룩셈부르크

---

32 이에 관한 구체적 내용은 *Maihofer*, Rechtsstaat und menschliche Würde, 1968, S. 8 이하[한국어판: 『법치국가와 인간의 존엄(심재우/윤재왕 옮김)』, 2019, 16면 이하] 참고.

33 마르크스가 파리 코뮌의 정치적 민주주의를 노동자 계급의 (지역에 국한된) '자기통치(자치)'로 파악한 것 역시 이와 똑같은 맥락이다. 그리고 모든 계급 대립을 폐기한 이후 등장하는 '진정한 공화국'도 사회적 삶을 영위하는 개인들의 보편적 자치(자기행정과 자기사법)로 파악할 수 있다.

34 이에 관해서는 *Maihofer*, Politische Angst und Hoffnung in unserer Zeit, in: K.

Rosa Luxemburg의 유명한 표현에 따라 다음과 같이 간명하게 서술한다. "사회주의 없이는 민주주의도 없고, 민주주의 없이는 사회주의도 없다! 이것이 바로 미래를 결정할 상호작용 공식이다."[35]

하지만 사회주의의 정치이론과 정치적 실천 내에서 (완벽한 의미의) 민주주의가 존재할 수 있는 것일까? 아니면 사회주의를 완수하기 위해서라도 반드시 민주주의가 존재해야 하는 것은 아닐까? 즉 법을 수단으로 삼는 국가를 통해 인간의 인간에 대한 모든 예속과 착취(그것이 한 개인에 의해 행해지는 것이든 아니면 사회 또는 국가에 의해 행해지는 것이든)를 불가능하게 만드는 소극적 측면에 머물지 않고 적극적으로 모든 사람의 개인적 욕구의 충족과 개인적 능력의 발현을 보장하는 최대한의 그리고 평등한 사회적 복리와 정의를 실현하는 사회적 관계의 야기와 보존을 위해 반드시 민주주의가 필요한 것이 아닐까?

계급 없는 인간다운 사회에서 충족되어야 할 이러한 적극적 및 소극적 측면의 사회적 기능이 법 또는 국가가 없이 사회 자체를 통해 사회를 위해 충족될 수 있을 것인가? 이 물음과 관련해서는 자본주의에 대한 정치적-경제학적 이론을 펼친 노년의 마르크스는 아니지만, 민주주의에 관한 법적-정치적 이론을 펼친 청년 마르크스에서는 어떤 해답을 찾을 수 있지 않을까?

Schlechta(Hrsg.), Angst und Hoffnung in unserer Zeit, Darmstädter Gespräch 1963, 1965, S. 88 이하 참고.

35 이에 관해서는 Maihofer, Demokratie und Sozialismus, in: S. Unseld(Hrsg.), Ernst Bloch zu ehren, Beiträge zu seinem Werk, 1965, S. 61 이하; ders., Ernst Blochs Evolution des Marxismus, in: Über Ernst Bloch, 1968, S. 125 이하 참고.

1. '인간다운 사회'

이 물음에 대한 해답은 1845년까지의 초기저작에서 중심이 되는 '인간다운 사회(menschliche Gesellschaft)'에 관한 이론에서 찾아야만 할 것이다. 즉 마르크스의 초기저작에서는 미래의 계급 없는 국가에서도 정당한 법과 진정한 국가가 어떠한 사회적 기능을 담당하는지가 처음으로 윤곽을 드러내고 있고, 그 중심에는 '인간다운 사회'에 관한 이론이 자리 잡는다. 마르크스는 바로 이 이론을 통해 어떤 한 가지 주제를 다루는 것이 아니라 그의 정치철학과 학문이론에서 **가장 결정적인 의미를 지닌** 주제를 다루고 있다. 그것은 바로 **사회주의라는** 주제이다.

그 때문에 마르크스는 1844년의 파리 초고에서 공산주의에 관해 오늘날까지도 정통 마르크스주의자에게는 끔찍하게 여겨지는 다음과 같은 문장을 써놓을 수 있었다. "**공산주의는** 곧 다가올 다음번 사회의 형태와 확고한 원칙이지만, 그렇다고 해서 공산주의 자체가 인간의 발전의 목표인 것은 아니다." 그렇다면 도대체 무엇이 목표라는 말인가? 이 물음에 대한 마르크스의 대답은 '인간다운 사회라는 형태'이다.[36]

마르크스가 약 100년 전에 표명한 견해에 따르면 공산주의마저도 그 당시 목전에 있는 '다음번 사회'의 과도기적 형태일 따름이지, 그 자체가 '인간의 발전이 향해 갈 목표'가 아니었다. 마르크스는 막연하

---

36 *Marx*, Ökonomisch-philosophische Manuskripte, in: Frühe Schriften, Ausgabe Lieber, Band. I, S. 608.

면서도 동시에 탁월한 개념인 '인간다운 사회라는 형태'를 통해 그 자신의 시대를 뛰어넘어 이 목표에 도달하고자 했다.

이 인간다운 사회라는 개념을 인간에 걸맞은 사회 또는 인간의 존엄에 상응하는 사회로 해석할지라도 이 개념의 명확한 내용은 여전히 밝혀지지 않는다. 그런 식의 해석은 우리 자신이 오늘날 인간다운 사회나 비인간적이지 않은 사회, 인간의 존엄에 부합하는 사회나 인간의 존엄에 반하지 않는 사회로 느끼거나 생각하는 내용을 마치 마르크스가 말하는 인간다운 사회의 내용으로 여길 위험이 있다. 그렇게 되면 마르크스가 우리의 시대를 뛰어넘는 지평에서 미래의 사회형태에 관한 그의 새로운 사고를 통해 그리고 미래의 사회를 인간적으로 형성하기 위한 수단과 방법으로서의 법과 국가에 관한 새로운 사고를 통해 말하고자 했던 내용을 제대로 포착하지 못할 위험도 있다.

이 '새로움'은 트리어와 베를린 시절의 청년 마르크스가 그 당시 마침내 완결된 헤겔의 법철학과 국가철학 그리고 역시 같은 시기에 헤겔의 법철학과 국가철학의 토대인 변증법적 관념론을 변증법적 물질주의로 전복하는 준비를 하고 있던 ─ 오늘날에는 거의 잊히고만 ─ 루드비히 포이어바흐를 접하면서 겪게 된 정신적 격변의 근원이 무엇인지를 생각해볼 때 비로소 모습을 드러낸다. 플라톤과 아리스토텔레스에서 시작해 칸트와 헤겔에 이르는 '관념론을 붕괴'한 이른바 좌파 헤겔주의자들은 철학적 물질주의와 정치적 사회주의가 동시에 탄생하는 결정적 계기를 마련했다.

마르크스 자신도 우리의 근대를 이끌었던 이 정신적 사건이 그를 물질주의자와 사회주의자로 만든 이론적 혁명이라고 생각했다. 오늘날 동구와 서구 양쪽 모두에서 망각에 빠진 이 사실을 우리는 마르크스 본인이 남긴 저작을 통해 충분히 증명할 수 있다.

예컨대 마르크스의 1844년 파리 초고에는 단호하면서도 미래에 대한 탁월한 통찰력을 보여주는 다음과 같은 신념이 표현되어 있다. "긍정적(건설적) 비판에 대한 진정한 정당화는 포이어바흐의 발견에 힘입은 것이다. 즉 **긍정적인 인간주의적 및 자연주의적 비판**은 포이어바흐에서 비로소 시작되었다. 헤겔의 정신현상학과 논리학 이후 진정한 **이론적 혁명**을 담고 있는 유일한 저작인 포이어바흐의 저작이야말로 큰 소리가 나지 않지만 그러면 그럴수록 더 확실하고 더 깊이 더 넓게 더 오랫동안 영향을 미칠 것이다."37 포이어바흐의 이 이론적 혁명이 철학적 물질주의로 향하는 정신적 격변일 뿐만 아니라, 동시에 정치적 사회주의로 향하는 격변이기도 했다는 점은 마르크스가 같은 해(1844년)에 파리에서 포이어바흐에게 보냈고, 1960년에야 비로소

---

37 *Marx*, Ökonomisch-philosophische Manuskripte, in: Frühschriften, Ausgabe Landshut, S. 227. 초고에서 마르크스가 삭제 표시를 한 구절(이에 관해서는 Frühe Schriften, Ausgabe Lieber, Bd. I, S. 507 이하 참고)에서는 포이어바흐에 관해 그 당시든 오늘날에든 상당히 주목할 가치가 있는 점을 언급한다. "포이어바흐의 '미래의 철학'과 잡지 『단상들(Anectotis)』에 게재된 「철학의 개혁을 위한 테제」에 대해서는 — 그의 저작을 은연중에 활용하고 있는데도 불구하고 — 어떤 이들은 약간의 질투심에서, 또 다른 이들은 분노한 나머지 공개적으로 그의 저작을 무시하고 은폐하는 식으로 공격하는 경향이 있는 것 같다." 포이어바흐가 마르크스에게 얼마나 커다란 영향을 미쳤는지는 포이어바흐가 잡지 『최신 독일 철학과 공론에 대한 단상들(Anekdota zur neuesten deutschen Philosophie und Publicistik)』에 「철학의 개혁을 위한 예비적 테제들」을 발표했던 1843년에 마르크스 자신이 이 잡지에 '베를린 사람이 아닌 자(Kein Berliner)'라는 이름으로 기고한 「슈트라우스와 포이어바흐 사이의 심판으로서의 루터(Luther als Schiedsrichter zwischen Strauß und Feuerbach)」라는 짧은 글을 이렇게 끝맺는다는 사실에서도 드러난다. "불의 강(Feuer-Bach)을 통과하지 않고서는 진리와 자유에 도달할 길은 없다. 포이어바흐야말로 현재의 연옥이다(Frühe Schriften, Ausgabe Lieber, S. 109)."

뮌헨 대학교 도서관 서고에서 발굴해낸 편지에 너무나도 분명하게 드러나 있다. 이 편지의 한 구절은 이렇다. "제가 이제야 귀하께 제가 쓴 논문 한 편을 보낼 여유를 갖게 되었습니다. 이 논문—이 논문은 제가 이미 예전에 마감했지만, 더 이해하기 쉽게 다시 가다듬은 논문입니다—에는 저의 비판적 법철학의 몇몇 요소가 개략적으로나마 담겨 있습니다. 저 자신은 이 논문에 특별한 가치를 부여하지 않습니다만, 이 논문을 보내드리면서 귀하께 저의 한량없는 존경심과—이런 단어를 사용해도 좋다면—사랑을 표현할 기회가 생기는 것만으로도 제게는 커다란 기쁨이 아닐 수 없습니다. 귀하의 '미래의 철학'은 신앙의 본질에 관한 귀하의 저작과 마찬가지로 두꺼운 책이 아님에도 불구하고 현재 독일의 모든 문헌을 다 합쳐놓은 것보다 훨씬 더 중요한 의미를 지니고 있습니다. 이 저작들에서 귀하는—의도적으로 그러셨는지는 잘 모르겠습니다—사회주의의 철학적 토대를 마련하셨고, 공산주의자들 역시 귀하의 저작들을 그렇게 이해하고 있습니다. 인간의 사실상의 차이에 기초한 인간과 인간 사이의 통일성, 추상이라는 하늘에서 현실의 땅으로 내려온 인류 개념—바로 이것이 사회라는 개념이 아니고 무엇이겠습니까?"[38]

마르크스가 여기서 주장하는 두 가지 위대한 정신적 발견, 즉 포이어바흐가 마련한 **사회주의의 철학적 토대**는 바로 **대상적 존재**(gegen-ständliches Wesen: 여기서 '대상적'은 한 존재가 다른 존재를 대상으로 삼고 동시에 다른 존재의 대상이 된다는 의미이다. 예컨대 인간은 다른 인간을 대상

---

38 Brief an Ludwig Feuerbach, in: MEW, Bd. 27, S. 425. 이 편지는 *Ludwig Feuerbach, Briefwechsel*, Ausgabe W. Schuffenhauer, 1962, S. 183에도 실려 있다.

으로 삼는 존재이고 동시에 다른 인간의 대상이 되는 존재이다. 주체-객체 도
식으로 말한다면, 주체는 객체를 대상으로 삼기에 비로소 주체이고, 동시에 객
체인 다른 주체의 대상이 되기에 비로소 주체이다. 헤겔과 포이어바흐의 사고
를 물려받은 마르크스는 『경제학-철학 초고』에서 이 표현의 의미를 다음과 같
이 설명한다. "인간이 육체적이고 자연적 힘을 갖고 있으며 살아 있고 현실적
이며 감각적이고 대상적인 존재라는 것은 곧 인간이 현실적이고 감각적인 대
상을 자신의 존재, 자신의 삶을 표현하는 대상으로 삼게 된다는 것 또는 인간이
오로지 현실적이고 감각적인 대상에서만 자신의 삶을 표현할 수 있다는 뜻이
다. 대상적, 자연적, 감각이라는 것과 자신 바깥의 대상, 자연, 감각을 갖는
것 또는 그 자신이 다른 존재의 대상, 자연, 감각이 된다는 것은 같은 의미이
다." 마이호퍼는 이 표현을 인간의 '관계적' 또는 '사회적' 본성으로 이해한다
—옮긴이)로서의 **인간에 대한 새로운 관점과 인간의 자기소외 방식으로
서의 종교에 대한 새로운 통찰**이다. 이것은 무슨 의미일까?

 남자와 여자의 관계나 다른 수많은 관계(예컨대 선생과 학생, 의사와
환자의 관계)에서 분명히 드러나듯이 인간은 추상적 주체 자체로 존재
하는 것이 아니라, **구체적 주체-객체로서** 이에 상응하는 다른 객체-
주체와 관계를 맺는 상태 속에서 그리고 이 상태로부터 존재하게 되
며, 이 점에서 인간은 특정한 측면 자체에 비추어 볼 때 이미 이러한
다른 객체-주체에 의존하지 않을 수 없다.[39]

---

[39] 이 새로운 철학적 인간학은 플라톤이나 아리스토텔레스에서 이성적 동물 또는
정치적 동물로 규정되는 것과 같이 사변적으로 기획된 추상성으로서의 인간 대
신에 구체적 인간을 출발점으로 삼을 뿐 아니라, 인간의 구체성과 관련해서도 주
체 그 자체 또는 객체 그 자체가 존재한다고 생각하는 데카르트 이후의 이른바 의
식철학의 통상적 사고를 거부한다. 칸트와 헤겔에까지 이어지는 전통적 관념론
의 전제였던 이러한 주체/객체 이분법에 맞서 포이어바흐는 다음과 같은 테제를
제기한다. "흔히 말하는 객체는 **객체-주체**이고, 흔히 주체는 본질적이고 필연적

따라서 예컨대 양성 관계와 같은 특정한 측면에 비추어 인간이 무엇인지는 한 개별적 인간이 아니라 인간으로서 서로 상응하는 방식들 사이에서(앞의 예에서는 남자와 여자 사이에서) 비로소 밝혀진다. 즉 '인간과 인간 사이의 통일성' 속에서 비로소 인간은 인간으로서, 다시 말해 **대상적인 유적 존재**(gegenständliches Gattungswesen; '대상적'과 마찬가지로 '유적 존재'라는 개념 역시 마르크스가 헤겔과 포이어바흐의 이론을 수용해 발전시킨 것이다. 인간은 다른 유와는 달리 자신이 속한 유 자체를 성찰할 능력이 있고, 이러한 자연적 본성 자체를 사고의 대상으로 삼을 수 있다. 따라서 '개'인의 의식은 필연적으로 자신이 속한 보편적인 '유'와 관계를 맺는다. 개별성과 보편성 사이의 이러한 관계를 마르크스는 훗날 의식철학적 측면에서 벗어나 개인의 개별적 노동과 보편적인 물질적 생산 사이의 관계에 집중해 인간의 '유적 존재'를 파악하게 된다. 이에 반해 청년 마르크스의 사고에 초점을 맞춘 마이호퍼는 이 표현을 사회적 존재로서의 인간에 대한 보편적 이론으로 이해한다 ─ 옮긴이)로서의 자기 자신을 발견한다.

예컨대 아버지로서 또는 남편으로서, 선생으로서 또는 의사로서 등등 사회 속에 있는 인간의 모든 모습은 인간 자신에 대응하는 타자와 함께할 때만 가능하고, 이 모든 모습은 언제나 한 인간과 이 인간과

─────────

으로 **주체-객체**이다. 즉 **나는 너-나**이고, 인간은 **세계-인간** 또는 **자연-인간**이다. 이는 마치 고양이가 본질적으로 쥐-고양이라 불리고, 물망초를 먹고 사는 송충이가 물망초-송충이라고 불리며, 식물의 잎사귀를 먹고 사는 벼룩이 잎사귀-벼룩이라 불리는 것과 같은 이치이다. 따라서 그 개념이나 본질에 비추어 볼 때 세계의 존재 또는 '너'의 존재를 포함하는 인간 또는 '나'가 어떻게 그 바깥에 있는 '세계'와 '너'에 대한 생각에 이르게 되는가의 물음은 고양이가 어떻게 자기 바깥에 있는 쥐를 생각하게 되는지 또는 잎사귀-벼룩이 어떻게 자기 바깥에 있는 잎사귀를 생각하게 되는지의 물음과 다를 게 없다(*Ludwig Feuerbach*, Gottheit, Freiheit und Unsterblichkeit vom Standpunkte der Anthropologie, Sämtliche Werke, Ausgabe Wigand, Bd. X, 1866, S. 191)."

관계를 맺는 타자로서의 인간 사이에서만 나타난다. 이 점은 인간의
사회적 존재와 의식 모두에 해당한다. 즉 가족생활에서 감각적 존재,
다시 말해 성적 존재로서의 인간에 기초하고 있는 모든 개인의 가정세
계에서든 아니면 직업생활에서 노동하는 존재로서의 인간을 무한히
다양한 방식으로 대상화하는 방식에 기초하고 있는 공적 세계에서든
인간의 사회적 존재와 의식은 언제나 인간과 인간 사이의 관계를 통
해 규정된다.[40]

그러므로 이 모든 측면에 따른 '사회적 존재'인 각 개인은 자신의
일상세계에서 사는 현실의 인간으로서 사실상 '사회적 관계의 앙상
블'[41]인 셈이다.

---

40 마르크스도 포이어바흐와 마찬가지로 '인간과 인간 사이의 직접적, 자연적, 필연
적 관계', 예컨대 '**남자와 여자의 관계**'에서 출발한다. 마르크스에 따르면 이 관계
에서 "인간의 자연적 행태가 얼마만큼 **인간적**인지 또는 **인간의** 존재가 인간에게
얼마만큼 **자연적** 존재가 되었고 **인간의 자연적 본성**이 인간에게 얼마만큼 **자연**
이 되었는지"가 밝혀진다고 한다. 또한 "인간의 **욕구**가 얼마만큼 인간다운 욕구
가 되었는지, 다시 말해 인간에게 **다른** 인간이 얼마만큼 인간으로서 필요하게 되
고, 인간의 개인적 존재가 얼마만큼 공동체적 존재가 되는지 역시 이 관계에서 밝
혀진다"라고 한다(Ökonomisch-philosophische Manuskripte, in: Frühschriften,
Ausgabe Landshut, S. 592 이하). 이에 관해서는 *Maihofer*, Konkrete Existenz,
Versuch über die Philosophische Anthropologie Ludwig Feuerbachs, in: Thomas
Würtenberger/Alexander Hollerbach(Hrsg.), Existenz und Ordnung. Festschrift für
Erik Wolf, 1962, S. 246 이하, 특히 266 이하도 참고.
41 이 표현은 마르크스의 유명한 「포이어바흐에 관한 테제」의 여섯 번째 테제에서
'인간의 본질'을 설명하는 가운데 등장하는 표현이다. 여기서 마르크스는 실질적
으로 포이어바흐의 인간학적 구상과 완전히 일치하는데도 불구하고 일단 다음과
같이 포이어바흐와 자신의 사고를 구별한다. "포이어바흐는 종교적 본질을 인간
의 본질로 해소한다. 그러나 인간의 본질은 **개별적 개인에 내재하는 추상성이 아**
니다. 현실에서 인간의 본질은 사회적 관계의 앙상블이다(Deutsche Ideologie, in:
Frühschriften, Ausgabe Landshut, S. 340 — 강조는 지은이)." 하지만 인간의 본질
이 '개별 주체에 내재하는 추상성'(모든 인격에 깃든 인간성이라는 유적 이념)이
아니라 "**인간과 인간 사이의 통일성 속에서 자신을 대상화하는 구체성**"이라는 점
은 포이어바흐의 위대한 발견에 해당한다. 이에 관해서는 *Feuerbach*, ebd., S. 344;

물고기가 물에 살고 이 물-속의-존재와 물고기의 '본질'을 분리할
수 없다.[42] 왜냐하면 물고기의 물-속의-존재라는 방식 자체가 물고
기의 대상적 존재, 즉 물고기의 진정한 존재이기 때문이다. 이와 마찬
가지로 세계 속의 인간 그리고 인간의 진정한 존재는 바로 이 세계 속
의 대상적 존재이고, 따라서 자연과의 관계에서는 자연-인간으로, 인
간과의 관계에서는 무한대로 많은 다양한 측면에서 인간-인간(즉 공
동체 인간Gemeinmesch. 그 때문에 포이어바흐는 자신을 '코뮤니스트Communist =
Gemeinmesch'라고 부른다[43])으로 존재하며, 이에 따라 각자는 자신의
방식대로 때로는 다른 같은 존재자와 똑같이 때로는 자신 이전과 이
후의 그 누구와도 같지 않은 방식으로 독특하게 자신의 세계 속에서의
존재를 펼치게 된다.[44]

Maihofer, ebd., S. 270 이하 참고.

42 플라톤 이후의 전통적인 유의 형이상학에서처럼 **본질**에 관한 실체적 개념을 이와
같은 **실존적 개념**으로 대체해야 한다는 점이 1842년에 포이어바흐가 발표한「철
학의 개혁에 관한 잠정적 테제」에서는 이렇게 서술되어 있다. "물고기는 물속에
살고, 이러한 존재로부터 본질을 분리할 수는 없다(Philosophische Kritiken und
Grundsätze, in: *Feuerbach*, Sämtliche Werke. Ausgabe Wigand, Bd. II, S. 311)."

43 *Ludwig Feuerbach*, Erläuterungen und Ergänzungen zum Wesen des Christentums,
in: Sämtliche Werke. Ausgabe Wigand, Bd. I, 1846, S. 359. "F(자신을 지칭)는 물질
주의자도 아니고 관념론자도 아니며 동일성 철학자도 아니다. 그렇다면 무어란
말인가? F는 그의 행위, 그의 정신, 그의 살과 피, 그의 감각에 따른 인간일 따름이
다. 아니 어쩌면 이렇게 말해야 할지 모른다. 즉 F는 그저 인간의 존재를 공동체로
옮겨놓은 것일 따름이라고. 그러니까 공동체 인간, 즉 코뮤니스트이다." 포이어
바흐와 마찬가지로 마르크스도 같은 시기(1843년)에 더 이상 인간의 본질이 아니
라 사회의 본질에 주목하기 시작한다. "부르주아 사회의 **정치적 행동**이 돌진해 가
는 방향인 원자주의는 개인이 실존하는 공동체, 코뮤니즘적 존재, 부르주아 사회
가 국가에서 분리되거나 **정치적** 국가가 부르주아 사회에서 **분리됨**으로써 발생하
는 필연적 결과이다(*Marx*, Kritik des Hegelschen Staatsrechts, in: Frühe Schriften,
Ausgabe Lieber, S. 360)."

44 그 때문에 우리는 (등산용 칼이나 포도주잔과 같은) 사물을 이들이 존재하는 관계
에 비추어 지칭할 뿐만 아니라 인간도 세계에서 살아가는 대상적 존재에 비추어,
즉 자연이나 다른 인간과의 관계에서 인간의 활동의 '대상'에 비추어서도 지칭한

따라서 이처럼 인간을 대상적 존재로 파악하는 새로운 관점에서 볼
때 본질적으로 한 개인으로 존재하는 인간은 이 인간이 구체적으로 실
존하는 '사회적 관계의 앙상블'로 규정되고 또 규정될 수 있다. 이에
반해 전체 유로서의 인류(인간성)는 인간 사회 자체의 '사회적 관계의
앙상블'로 규정되고 또 규정될 수 있다.[45]

이로써 '인간과 인간 사이의 통일성(각각의 인간이 서로 다름에도 불구
하고)', 즉 인간과 인간의 만남과 결합이 이루어지는 이와 같은 대상화
의 장소와 공간으로서의 인간 사회가 인간의 진정한 현실이 되고, 이 현
실 속에서 인간은 이러한 자신의 본질(또는 비본질)을 (함께 사는) 인간
과의 관계와 행동을 통해 발현 또는 유지할 수 있거나 자신의 본질을
상실 또는 망각할 수 있다. 마르크스가 자신의 사회주의에 수용한 이
'대상적인 유적 존재'로서의 인간에 관한 새로운 시각에서는 사회에서
인간들 상호 간의 관계가 인간이 그 속에서 일상적으로 진정으로 자
신의 고유한 본질에 맞게 자신을 '대상화'할 수 있고 이 '관계'를 통해

다. 이와 똑같은 맥락에서 포이어바흐는 이렇게 말한다. "땅을 경작하는 자는 농
부이고, 사냥을 활동의 객체로 삼는 자는 사냥꾼이며, 물고기를 잡는 자는 어부이
고 …(*Feuerbach*, ebd., S. 274)."

45 그 때문에 포이어바흐는 기존의 본질개념을 완전히 다른 방향으로 전환해 '인간
의 본질', 즉 '유적 존재로서의 본질'을 '다양한 **속성**의 무한한 풍부함과 다양한 개
체들의 무한한 풍부함'으로 바꾸어 서술할 수 있었다. "모든 새로운 인간은 새로
운 **속성**이자 인류의 새로운 재능이다. 그렇게 많은 인간이 존재하는 것만큼 많은
힘이 있고, 그렇게 많은 성격을 인류가 가지게 된다. 모든 사람에게 있는 힘은 각
개인 안에도 있지만, 다만 이 힘이 독자적인 힘, 즉 새로운 힘으로 등장하는 것으
로 규정된다(*Feuerbach*, Das Wesen des Christentums, in: Sämtliche Werke.
Ausgabe Wigand, Bd. VII, 1849, S. 52)." 이러한 철학적 인간학에서 개별 인간은 더
이상 전통적 유의 형이상학에서처럼 같은 유에 속하는 똑같은 법례(Exemplar)가
본질이 아니라 고유하고 새로운 법례로서의 인간이 본질이다. 즉 인류라는 유의
이념이 인간의 인격에서 개별화하는 것이 아니라 인류라는 유적 실존이 개인의
인격에서 '표현'된다. 이에 관해서는 *Maihofer*, ebd., S. 257 이하 참고.

자기 자신과 자신의 진정한 본질이 소외되지 않도록 형성되고 또 그렇게 살 수 있도록 만드는 일이 가장 중요하다.

2. '인간다운 사회'의 정언명령

인간이 자연과의 관계에서 그리고 다른 인간과의 관계에서 이러한 대상적 존재를 실현할 수 있고 이 본질로부터 소외되지 않도록 하는 것이 가장 중요하다면, 인간을 그 외적 존재뿐만 아니라 내적 의식의 측면에서도 세계와 올바른 관계, 즉 소외되지 않는 관계에 서게 만들어야 한다.

이를 위해 인간은 먼저 **잘못된 대상화**, 즉 인간의 인간적 본질의 자기소외(Selbstentfremdung)와 인간의 인간적 세계의 자기소외를 폐기하고 제거해야만 한다. 이 점을 루드비히 포이어바흐는 자신의 종교비판 테제를 통해 다음과 같이 설명한다. 즉 기존의 종교에서는 **인간의 본질과는 무관한 피안의 본질로서의 신 그리고 인간의 세계와 무관한 피안의 세계인 천상으로 인간의 본질과 세계를 옮겨놓음으로써 잘못된 대상화**를 했다고 한다. 마르크스가 포이어바흐에게 보낸 편지에 동봉한 「헤겔 법철학 비판」에서 마르크스는 포이어바흐가 시작한 종교비판을 수용해 이를 정치비판으로 전환하고, 이 전환은 그 이후의 역사에서 엄청난 영향을 미치게 된다.

마르크스 본인이 단번에 자신의 사고의 절정에 도달했다고 표현하는 이 '이론적 혁명'의 결정적 단계들을 추적해보는 일은 오늘날에도 상당히 흥분되는 일이다. 이 단계들은 곧장 종교비판에서 사회비판으

로 전환된 학문적 사회주의 그리고 '인간다운 사회'에 관한 이론의 에
토스를 담고 있고 파토스를 자극하는 하나의 정언명령으로 귀결된다.

일단 법과 국가에 관한 사고를 포함해 기존의 모든 사고에 격변을
불러일으키는 이러한 혁명의 실마리를 더 정확히 파악해보자. 이에
대해 마르크스는 한 편지에서 포이어바흐가 "인간이라는 유개념을 추
상성의 하늘에서 현실의 땅으로 끌어 내렸고", 이로써 새로운 '사회개
념'에 도달했으며, 이 개념을 통해 "사회주의에 철학적 토대를 마련했
다"라고 쓰고 있다. 이 말은 무슨 뜻인가?

포이어바흐가 보기에 기존의 종교를 통해 획득된, '인간의 첫 번째
자기의식'[46]은 일종의 **자기소외**이다. "종교는 인간이 자기 자신으로
부터 분리되는 것이다. 즉 인간은 자신과 대립하는 존재인 신 앞에 마
주하게 된다."[47] 이렇게 해서 인간은 자신의 현실적 존재가 겪는 결핍
을 보충한다.[48]

인간 스스로 자신의 무가치성, 즉 병과 죽음 앞에서의 무기력 그리
고 사랑이 없고 부정의한 상태에서 겪는 불완전성을 뼈저리게 체험하
면 체험할수록 병과 죽음을 모르는 전지전능한 존재인 신, 완벽한 존
재인 신에 대한 욕구와 소망이 더욱더 커진다. 그래서 "신은 사랑이
다! 신은 정의이다!"라고 말한다.[49]

---

46 이에 관해서는 *Feuerbach, Das Wesen des Christentums*, Ausgabe Wigand, Bd. VII,
 S. 39 참고. "종교는 인간의 **첫 번째 간접적 자기의식**이고" 그것은 '**인류의 유아적
 존재**'이다(ebd., S. 40).

47 *Feuerbach*, ebd., S. 60.

48 이에 대해 포이어바흐는 "따라서 인간은 현실적 존재의 결핍을 관념적 존재를 통
 해 보충하는 셈이다"라고 말한다(Sämtliche Werke, Ausgabe Wigand, Bd. II, S.
 315).

49 따라서 신은 인간의 반대형상이자 반대개념이다. "신과 인간은 양극단이다. 신은

그러나 인간이 그 자신의 반대형상으로 정립한 신을 통해 그 자체 유한하고 한시적인 존재로서의 자신이 겪게 되고 인간존재와 필연적으로 결부될 수밖에 없는 결핍만을 보충하는 것이 아니다. 이와 동시에 인간은 신과 그의 피안인 천국을 통해 자신의 세계, 즉 현세의 반대형상을 정립하고, 이를 통해 인간이 고통받는 세속의 세계, 즉 신성하지도 않고 신적이지도 못한 세계를 감내하게 된다. 그 때문에 포이어바흐는 "신이 탄생한 유일한 이유는 인간이 겪는 고통과 고난 때문이다"라고 말한다.[50]

이렇게 해서 인간은 자신의 삶을 환상에 기초하게 만들 위험에 빠지고 이와 동시에 유일하게 현실적인 삶, 즉 현세의 삶을 그르칠 위험에 빠지게 된다. 왜냐하면 인간이 자신의 삶을 인간 자신이 투사한 대상일 뿐인 신에 대한 믿음에 지향시키고 역시 인간의 상상력의 산물일 뿐인 피안에 대한 희망에 지향시키면 인간은 자신의 삶을 완전히 전도된 방향으로 향하게 만드는 것이기 때문이다. 즉 세계에서 만나는 인간 대신 신과 마주하게 되고, 자신 스스로 형성해야 할 현세 대신 피안과 마주하게 된다.

그 때문에 포이어바흐는 그의 종교비판을 통해 신에 대한 믿음과 희망이라는 기존의 모든 전도된 방향을 다시 철두철미 전도하는 것이 인간의 진정한 과제라고 말한다. "본서의 목적은 인간을 신학자로부

긍정성 자체이고 모든 현실의 총체인 데 반해, 인간은 부정성 자체이고, 무가치성의 총체이다." "신은 무한한 존재이고, 인간은 유한한 존재이다. 신은 완전하고, 인간은 불완전하다. 신은 영원하고 인간은 한시적이다. 신은 전지전능하고 인간은 무기력하다. 신은 신성하고 인간은 죄를 저지른 자이다(*Feuerbach*, in: Sämtliche Werke, Ausgabe Wigand, Bd. VII, S. 60)."

50 *Feuerbach*, in: Sämtliche Werke, Ausgabe Wigand, Bd. II, S. 318.

터 인간학자로 만들고, 신을 사랑하는 자로부터 인간을 사랑하는 자로 만들며, 피안에 들어갈 후보자로부터 현세의 학생으로 만들고, 천상과 현세의 군주정과 귀족정의 종교적 및 정치적 시종으로부터 자유롭고 당당한 지상의 시민으로 만드는 것이다."[51]

이 모든 내용은 포이어바흐에게 '기독교의 본질'과 '종교의 본질'에 관한 **이론적 인식**의 성격을 지니고 있었을 뿐만 아니라 **실천적 행위**에 대한 요구도 담고 있었다. 즉 인간이 종교로 말미암아 현세에서의 진정한 과제를 오해하고 그르치게 만드는 이러한 **자기분열과 자기소외로부터 인간을 해방**해야 한다는 요구를 제기한다.

이러한 요구를 제기하는 이유는 다음과 같은 사정 때문이다. 즉 포이어바흐가 보기에 기존의 종교는 인간이 자신들의 삶을 미화하고 삶의 고난을 견딜 수 있게 만들어주는 순진한 환상에 그치지 않고, 인간을 피안의 신에 **의존되고 예속되게** 만들 뿐만 아니라 신에 봉사하는 현세의 시종에게까지 **의존되고 예속되게** 만들기 때문이다. 다시 말해 '신의 이름으로' 또는 '신의 은총에 따라' 인간을 지배하는 신의 관리인과 대리인, 즉 현세의 지배자에게까지 의존되고 예속되게 만든다는 것이다. "내면에서 막연하기 짝이 없는 다른 존재의 지배를 받는 자는 외면적으로도 자신이 아닌 다른 권력에 예속되는 암흑 속에 있을 따름이다."[52]

---

51 *Feuerbach*, Vorlesungen über das Wesen der Religion, in: Sämtliche Werke, neu hrsg. von W. Bolin/F. Jodl, 1960, Bd. VIII, S. 28 이하. 포이어바흐는 종교의 본질에 관한 이 마지막 강의도 자신의 철학에서 정립한 이 유일한 과제를 신봉하면서 끝맺는다. "인간을 신의 벗으로부터 인간의 벗으로, 신자로부터 사상가로, 기도하는 자로부터 노동하는 자로 … 자신들의 신앙과 고백에 따르면 **'반은 동물이고 반은 천사인'** 기독교인으로부터 **온전한 인간**으로 만드는 과제가 인간의 유일한 과제이다 (ebd., S. 360)."

52 *Feuerbach*, Sämtliche Werke, Ausgabe Wigand, Bd. I, S. 252. 그 때문에 포이어바흐

하지만 이로부터 포이어바흐는 단지 인간 스스로 만들어 낸 신에 대한 믿음과 역시 인간 스스로 만들어 낸 피안에 대한 희망에서 벗어나고, 이로써 신의 이름과 신의 은총으로 인간에게 부과된 모든 종교적 및 정치적 의존과 예속에서 벗어나라고 소극적으로 요구하는 데 그치지 않는다. 포이어바흐는 여기서 한 걸음 더 나아가 이 요구보다 훨씬 더 폭넓은 적극적 요구를 제기한다. 즉 인간에 대해 인간 자신의 삶 전체를 단호하게 완전히 다른 방향으로 향하도록 만들어야 한다고 요구하고, 이 요구는 인식과 행위, 이론과 실천 모두에 걸쳐 실현되어야 한다고 말한다.

왜냐하면 포이어바흐에게 신과 피안의 존재에 대한 부정은 단지 인간이 삶의 전도된 방향에서 벗어나 올바른 방향으로 향하는 소극적인 첫걸음일 뿐이고, 여기에 다시 두 번째 걸음이 뒤따라야 하기 때문이다. 그것은 바로 인간과 인간의 현세에 대한 단호한 긍정이다. "피안의 부정은 현세의 긍정을 낳는다. 천상에서의 더 나은 삶을 폐기하는 일은 지상에서의 삶이 더 좋아져야 한다는 요구를 포함한다. 이 요구는 더 좋은 미래를 아무런 행위도 하지 않은 채 그저 끝없이 믿기만 하는 대상으로부터 인간 스스로 행동해야 할 의무의 대상으로 전환한다."53

종교에 대한 이러한 건설적 비판으로부터 인간에 대한 새로운 믿음

는 인간을 이러한 자기소외, 즉 '인류의 사고, 감정, 이익과 모순되는' '종교의 사고, 감정, 이익'에 자신을 내맡겨버린 상태(ebd., S. 253)로부터 인간을 해방하는 것을 종교적 및 정치적 의존과 예속으로부터 인간을 내적 및 외적으로 해방하는 것으로 여긴다.
53 Feuerbach, in: Sämtliche Werke, Ausgabe W. Bolin/F. Jodl, 1960, Bd. VIII, S. 358. 이렇게 해서 '더 나은 미래'라는 유토피아적 차원이 처음으로 오늘날 우리가 흔히 말하는 정치적 성격을 획득하게 된다.

과 더 나은 현세에 대한 새로운 희망이 등장하고, 이 믿음과 희망을 실현하기 위해서는 단호하고 결연한 인간의 이론적 및 실천적 노력이 필요하다. 즉 인간의 모든 사회적 및 정치적 힘을 쏟아부어 '사회적 인류' 전체에 걸쳐 '인간다운 사회'라는 미래를 최대한 인간의 존엄에 부합하고 살아야 할 가치가 있게 형성해야 한다. 이 점에서 1842년에 발간한 「철학 개혁의 필요성」에서 포이어바흐의 첫 번째 강령은 "정치가 우리의 종교가 되어야 한다"라는 명제이다.[54]

그러므로 포이어바흐의 종교비판 테제는 다음과 같이 요약할 수 있다. 즉 "인간이 천상의 신이라는 자신과 반대되는 개념과 반대되는 형상을 만들어 자신에 대비시킴으로써 자기 자신과의 분열을 겪게 된다는 의미의 종교의 내용과 대상"은 '실제로는' 신적인 내용과 대상이 아니라 '전적으로 인간적인 내용과 대상'이고, 그 때문에 "신학의 비밀은 곧 인간학이고, 인간존재가 곧 신적인 존재"이다. 이 테제로부터 포이어바흐는 종교를 "단순히 부정하는 관계가 아니라 종교를 비판하는 관계"를 도출한다.[55]

포이어바흐가 신비주의 전통의 부정의 신학(negative Theologie)에 따라 종교를 '비판'[56]한 이유는 종교의 내용이 거짓이기 때문이 아니

---

54 *Feuerbach*, in: Sämtliche Werke, Ausgabe W. Bolin/F. Jodl, 1960, Bd. II, S. 219.

55 *Feuerbach*, in: Sämtliche Werke, Ausgabe Wigand, Bd. VII, S. 360 이하.

56 포이어바흐는 **인격이 외부와 맺는 관계**, 즉 **나와 너의 관계**가 '나'를 뛰어넘는 관계로서 이 관계 속에서 인간이 자신의 고유한 최상의 본질로 향하는 경향이 발산되고, 이 최상의 본질은 오로지 인간과 인간 사이의 통일성, 다시 말해 '나와 너의 통일성'에서만 이루어질 수 있다고 본다. 그 때문에 포이어바흐는 인간 사이의 관계에 대해 다음과 같이 말할 수 있었다. "아이와 부모의 관계, 남편과 부인의 관계, 형과 동생의 관계, 친구와 친구의 관계 등 인간과 인간의 관계 전체, 간단히 말하면 **도덕적 관계**는 그 자체 **진정한 종교적 관계**이다. 그러므로 인간의 **삶** 자체는 그 **본질적** 관계의 측면에서 **완전히 신적 성격**을 갖는다(ebd., S. 362)." 여기서 한 걸음 더

나아가 포이어바흐에서 종교는 **인격적** 존재와의 진정한 관계이기도 하다 (Sämtliche Werke, Ausgabe Wigand, Bd. I, S. 131). 즉 무신론자이자 물질주의자처럼 보이는 포이어바흐는 신비주의 신학의 전통에 따라 **인격이 내부와 맺는 관계,** 즉 **나와 '나 아닌 것**(Nichtich)**'의 관계**가 '나'를 뛰어넘는 관계로서 이 관계의 경향으로부터 인간이 자신의 고유한 최상의 본질로 도달하는 길을 완성한다고도 말한다. 다시 말해 포이어바흐가 보기에 나와 너의 외적 통일성에 인간의 **인간성**에 관한 종교적 비밀이 담겨 있는 것과 마찬가지로 "**나와** '나 아닌 것' 사이의 이러한 내적 통일성은 곧 인간의 개별성이라는 본질의 비밀이다." 이 비밀을 포이어바흐는 이렇게 서술한다. "인간은 자신의 자아 또는 의식을 통해 조금도 이해할 수 없는 낭떠러지 앞에 서 있게 된다. 이 낭떠러지는 바로 인간 자신이 의식하지 못하는 존재, 즉 인간에게 마치 다른 존재처럼 여겨지는 존재이다. 이 낭떠러지 앞에서 인간을 사로잡는 감정은 경이감과 경외감의 언어로만 표현할 수 있다. 나는 누구인가? 나는 어디에서 왔는가? 어디를 향해 가는가? 이것이 곧 종교적 감정이다. 즉 내가 '나 아닌 것'이 없이는 아무것도 아니라는 감정, 그러나 이 '나 아닌 것'이 나와 구별되긴 하지만 나와 내적으로 가장 밀접하게 맞물려 있다는 감정, 다른 존재이지만 동시에 곧 나 자신의 존재라는 감정이 곧 종교적 감정이다(Sämtliche Werke, Ausgabe Wigand, Bd. VIII, S. 403)." 그 때문에 이처럼 나로부터 '나 아닌 것'이라는 바깥으로 향하고 나를 뛰어넘는 개별성이 지닌 창조적 성격에 관해 근대의 물질주의와 인격주의에 '철학적 토대'를 제공한 사상가인 포이어바흐는 마치 내 이렇게 말한다. "눈은 나의 손이 만든 산물이고, 환상은 나의 의지의 산물이며, 이성은 내가 만든 발명품인가? 아니면 나의 존재를 떠받치고 나의 실존이 의존하는 이 모든 찬란한 능력과 재능은 나 자신에게 주어진 것인가? 다시 말해 내가 인간인 것은 나의 업적이자 나의 작품인 것인가?" 이 물음에 대해 포이어바흐는 확실하게 대답한다. "아니다! 나는 겸허하고 공손하게 — 이 점에서 나는 종교와 완전히 똑같이 생각한다 — 나의 눈이나 다른 장기 또는 나의 재능을 나 스스로 만든 것이 아니라, 인간의 모든 능력 — 내가 종교에서처럼 이 능력을 받았다고 말해야 할까? 그렇지 않다! 이 점에서 나는 종교와 완전히 다르게 생각한다 — 은 인간이 그 자신의 힘으로 자연이 심어준 것으로부터 발전시킨 소산이다. 종교는 인간의 자의가 만들어 내지 않은 산물을 모두 신의 산물로 만들고, 인간의 업적이 아니고 인간의 작품이 아닌 것을 모두 신의 업적, 신의 선물, 신의 작품으로 만들어 버린다(ebd., S. 404)." 훗날 「종교의 본질에 관한 강의」에서 포이어바흐는 눈에 띄지 않는 각주에서 다음과 같은 점을 확인하고 있다. "인간이 자신 안으로 더 깊이 들어가면 갈수록 자연과 인간(또는 '나')의 차이가 사라진다는 점을 더욱더 뚜렷하게 보게 될 것이며 인간이 단지 의식된 '의식 없는 존재' 또는 나로 존재하는 '나 아닌 것'이라는 사실을 더욱더 분명하게 알게 될 것이다. 따라서 인간은 가장 깊고 가장 심오한 존재이다. 그러나 인간은 자신의 고유한 깊이를 파악하지 못하고 감당하지 못한 채 자신의 본질을 '나 아닌 것'이 없는 '나'로 분리해 버리고, 이 '나 아닌 것'을 신이라 부르고, '나' 없는 '나 아닌 것'으로 분리해 버리고 이 '나 아닌 것'을 자연이라 부르고 만다(ebd., S. 405 이하, 각주)." 이처럼 포이어바흐가 신을 전제라 종교가 **잘못된 주체**에게 내용을 부여한 나머지 '종교적 내용의 **인간적 성격**'을 의식하지 못하게 만들었고, 오히려 종교적 내용이 마치 신적인 내용인 것처럼 전제하면서 이것이 인간적인 것과 대립하는 듯한 착각을 불러일으켜 "종교의 내용이 곧 인간적인 내용"이라는 사실을 인정하지 않기 때문이다.[57]

이렇게 볼 때 포이어바흐는 신을 어떤 문장의 주어(주체)로 생각해 여기에 일정한 술어(속성)를 연결하는 것에 반대할 뿐이고, 이에 반해 인간이 신의 존재를 전제하는 종교를 통해 **신적인 존재**에 부여하는 술어들은 그의 종교비판에서 적극적이고 긍정적으로 상상의 타자에게 투영된, **인간존재**에 관한 술어로 여겨진다. 즉 이 술어들을 이 술어의 진정한 주체인 인간으로 소급시킴으로써 이 술어들이 인간 자신의 진정한 존재를 서술하는 것임을 분명하게 밝히게 된다. "이 술어들은 그 내용을 통해 인간에게 이를 인정하지 않을 수 없게 다가온다. 즉 이 술어들은 그 자체만으로 직접 인간에게 진리로 밝혀진다."[58]

포이어바흐는 신에게 잘못 귀속시킨 이 술어들의 진리성을 인간에 대한 **진정한 술어**들로 밝혀내지만, 이때 '인간'은 개별 인간이 아니라 유(Gattung)로서의 인간이다. 즉 이 술어들은—마르크스가 포이어

하는 기존의 초자연주의적 종교에 반대하는 이유는 오로지 기존의 종교가 **인간이 나와 너의 관계와 나와 '나 아닌 것'의 관계에서 경험하는 이중의 초월**을 객체 그 자체 또는 주체 그 자체와 관련시키기 때문이다. 다시 말해 포이어바흐가 거부하는 것은 오로지 다음과 같은 점일 따름이다. 즉 신을 어떤 대상 또는 인격으로 사고하거나 신에게 어떤 특정한 속성을 부여해 마치 신이 특정한 것이고 특정한 것은 아닌 것처럼 생각해 신에 대해 특정한 기대를 품거나 신을 특정한 인격으로 생각해 그가 특정한 것을 하거나 하지 않으리라는 기대를 품는 종교를 거부할 따름이다. 이에 관해서는 *Maihofer*, Konkrete Existenz, S. 278 이하 참고.

57 *Feuerbach*, ebd., S. 360 이하.
58 *Feuerbach*, ebd., S. 360 이하.

바흐에게 보낸 편지에서 말했듯이 — '추상이라는 하늘'에서 현실의 땅으로 내려온 '인류 개념'이고, 인간과 신의 관계에서 인간과 인간의 관계로 옮겨진 진리, 다시 말해 '인간다운 사회'라는 개념에 해당한다. 그리하여 사랑이나 정의와 같이 기존의 신학이 신에게 부여했던 술어들이 포이어바흐의 새로운 인간학에서는 인간과 인간 사이의 관계에 해당하는 술어들로 인식된다. 이때 인간은 개별적 존재로서의 인간(물론 이 개별적 실존은 자기 자신을 사랑하고 자기 자신의 정의가 펼쳐지는 '장소'이긴 하다)이 아니라 유적인 존재로서의 인간이다. 다시 말해 인간과 인간 사이의 통일성으로서의 유적 존재가 인간에게 사랑과 정의가 발생할 수 있는 유일한 '장소'가 된다.

포이어바흐는 기존의 전도된 의식을 다시 올바른 방향으로 되돌리는 일이야말로 인류 역사의 필연적 전환점이라고 본다. 즉 "신에 대한 의식이 곧 인류에 대한 의식이라는 점을 공개적으로 고백하고 인정"해야 한다는 것이다.[59]

이론철학에서 칸트가 이룩한 '코페르니쿠스적 전환'에 견줄 만한 이러한 실천철학의 '이론적 혁명'은 세계의 탈신화(Entgöttlichung der Welt)가 아니라 신의 세속화(Verwetlichung des Gottes)로 이끈다. 그 때문에 포이어바흐는 당연히 이 전환에 관해 이렇게 말할 수 있었다. "종교에서 첫 번째인 신은 실제로는 두 번째일 따름이다. 왜냐하면 신은 인간의 대상이 되는 존재일 따름이기 때문이다. 따라서 종교에서 두 번째일 따름인 인간을 첫 번째로 정립하고 이 점을 분명히 해야 한다."[60]

---

59 *Feuerbach*, ebd., S. 361(강조는 지은이).
60 *Feuerbach*, ebd. 따라서 "인간존재가 인간의 최상의 본질이라면, 실천적 측면에서도 최상의 첫 번째 법칙은 인간에 대한 사랑이어야 한다." 이로부터 포이어바흐는

'인간존재'와 '인간의 사회'에 대한 새로운 관점을 도출하게 만드는 이러한 인간학적 전제는 포이어바흐가 토마스 홉스를 원용하면서 인간이 인간에 대한 최상의 존재라고 언급[61]함으로써 최절정에 도달한다. "인간은 인간에게 신이다(Homo homini Deus est). 이 최상위의 실천적 원칙이 곧 세계사의 전환점이다."[62]

포이어바흐와 마찬가지로 마르크스도 종교비판 테제에서 출발한다. "인간이 **종교를 만들지**, 종교가 인간을 만들지 않는다."[63] 즉 마르크스에게도 "종교는 자기 자신을 아직 획득하지 못했거나 이미 상실해버린 인간의 자기의식과 자기감정"일 따름이다. 하지만 「헤겔 법철학 비판(이 글은 사실상 헤겔과의 논쟁이 아니라 포이어바흐의 사상을 계승, 발전시킨 것이다)」의 서론에서 마르크스는 이렇게 말한다. "인간은 결코 세계 바깥에 쭈그려 앉아 있는 추상적 존재가 아니다. 인간은 곧 인간의 세계, 국가, 사회이다. 이 국가, 이 사회가 종교, 즉 **전도된 세계**의식을 생산한다. 국가와 사회 자체가 곧 전도된 세계이기 때문이다."

그러나 마르크스 역시 포이어바흐와 마찬가지로 종교에 대한 소극적 비판에 머무르지 않았다. 즉 "인간존재가 진정한 현실을 갖지 않기 때문에 인간존재를 환상 속에서만 실현하는 것"[64]에 불과하다는 식으

다음과 같이 결론을 내린다. 즉 "인간에 대한 사랑은 신에 대한 사랑으로부터 도출되지 않는다. 인간에 대한 사랑이 **근원적인** 사랑이 되어야 한다(ebd.)."

61 이에 관해서는 *Maihofer*, Rechtsstaat und menschliche Würde, S. 107[한국어판: 『법치국가와 인간의 존엄』, 136면] 참고.

62 *Feuerbach*, in: Sämtliche Werke, Ausgabe Wigand, Bd. VII, S. 361 이하. 이 '최상위의 실천적 원칙'은 근대라는 **새로운 시대의 희망의 원칙**이 되었고, 이 원칙은 마르크스에 의해 '이론적' 혁명에서 실천적 혁명으로 전환되었다.

63 *Marx*, Zur Kritik der Hegelschen Rechtsphilosophie, Einleitung, in: Frühe Schriften, Ausgabe Lieber, S. 488.

64 *Marx*, ebd.

로 종교를 비판하는 데 그치지 않았다. 그 때문에 마르크스 역시 "민중의 상상 속의 행복으로서의 종교를 폐기해야 한다"라는 점으로부터 적극적으로 민중의 진정한 행복을 위한 요청을 도출한다.[65] 이 점에서 포이어바흐에서도 이미 그랬듯이 마르크스에서도 "종교비판은 … 기본적으로 종교가 신성한 외관으로 은폐한 고통스러운 현실에 대한 비판이다."[66]

따라서 마르크스에게 "인간의 자기소외의 종교적 형태가 폭로된 이후 역사에 봉사하는 철학의 과제는 이제 세속적 형태의 자기소외를 폭로하는 일이다."[67] 이로써 포이어바흐에서 견지된 사회과학적 종교비판은 마르크스에서는 기존의 지배적인 사회적 존재와 의식이 지닌 모든 '세속적 형태'에 대한 사회비판과 이데올로기 비판으로 전환된다.

새로운 시대를 이끄는 철학의 코페르니쿠스적 전환을 마르크스는 포이어바흐가 남긴 유산을 수용해 새로운 사상의 실마리로 전환한 간결하고 강령적인 문장을 통해 완수한다. 즉 청년 마르크스의 사상을 대표하는 「헤겔 법철학 비판 서론」은 다음과 같은 문장으로 끝을 맺는다. "이로써 천상에 대한 비판은 지상에 대한 비판으로, 종교비판은 법비판으로, 신학비판은 정치비판으로 전환된다."[68]

포이어바흐의 종교비판과 신학비판이 그랬던 것처럼 마르크스의 철학적 및 학문적 사고의 중심이었던 법비판과 정치비판 역시 '긍정적

---

65 *Marx*, ebd., S. 489. 이 요청, 즉 "자신의 상태에 대한 상상을 폐기하라는 요청은 곧 **상상이 필요한 상태를 폐기하라는 요청**이다."
66 *Marx*, ebd.
67 *Marx*, ebd.(강조는 지은이)
68 *Marx*, ebd.

(건설적)' 비판이었다. 즉 법과 정치에 대한 마르크스의 비판은 단순히
전도된 세계상태와 이 상태에 상응하는 인간의 '전도된 자기의식'을
'폭로'하는 것이 아니라 인간이 새로운 자기의식을 갖도록 '각성'하는
것을 목표로 삼았고, 이러한 각성을 통해 얻은 새로운 자기의식을 통
해서만 세계상태의 전도가 이루어질 수 있다고 생각했다.

이제 법과 정치에 대한 비판이 이루어지기 위한 유일한 원천이 되
어야 하는 새로운 자기의식은 다른 누구도 아닌 바로 인간 자신이 전
체 '인간 세계'의 중심이고 또한 중심이 되어야 한다는 사실에 대한
의식이다. "비판은 사슬에 붙어 있는 상상의 꽃을 뜯어냈고, 이는 인
간이 아무런 환상과 위안도 없는 사슬에 묶여 있기 위해서가 아니라
사슬을 벗어 던지고 살아 있는 꽃을 꺾기 위해서이다. 종교비판은 인
간을 기만에서 깨어나게 만들고, 이로써 인간이 꿈에서 깨어나 정신
을 차린 인간처럼 생각하고 행동하고 자신의 현실을 형성하게 되며,
인간이 자기 자신을 중심으로 움직이고, 진정한 태양을 중심으로 움
직일 수 있게 된다."[69]

법과 사회 그리고 국가와 정치에 대한 모든 비판은 마르크스의 이
론에서도 적극적으로 이 새로운 중심, 즉 다른 그 어느 것도 아닌 바로
인간과 관련을 맺는다. 즉 실천철학에 대한 이러한 이론적 혁명으로
부터 도출되는 철저한 사회주의와 철저한 민주주의의 에토스와 파토
스는 새로운 **사회적 인간주의**의 에토스와 파토스이다. 이 사회적 인간
주의는 르네상스와 계몽기를 대표하는 자유주의적 인간주의와는 달
리 인간을 고립된 모나드Monade가 아니라 **사회적 개인**으로 파악하고,

---

69 *Marx*, ebd.

사회적 개인을 모든 사고와 행동의 중심으로 삼는다.[70]

이로써 인간과 '인간다운 사회'에 관한 이 새로운 시각은 세계에서 벗어난 **주체** 그 자체라는 의미의 개인이라는 사고형상이나 단순히 유에 속하는 한 범례(Exemplar)로 전락한 개인, 즉 인간성이라는 유의 이념을 개인으로 개별화한 것으로 전락한 개인이라는 사고형상에 더 이상 얽매이지 않게 된다. 그리하여 이제 주체나 유는 살아 있는 개인이라는 유일하게 현실적인 전제조건으로부터 사유적인 추상화를 거쳐 등장한 산물일 따름이다.

마르크스는 1845년의 「독일 이데올로기」에서는 이렇게 선언한다. "우리의 출발점이 되는 전제는 자의적인 전제나 교조가 아니라 오로지 상상을 통해서만 벗어날 수 있는 현실적인 전제이다. 즉 현실의 개인들과 이들의 행동 및 이들의 현실적인 삶의 조건이 우리의 출발점이고, 따라서 이미 주어져 있는 삶의 조건과 현실의 개인들이 그들의 활동을 통해 생성한 삶의 조건 모두를 포함한다. 이러한 전제들은 순수하게 경험적인 방식을 거쳐서만 확인할 수 있다."[71]

이처럼 새로운 사회적 인간주의라는 철학적 인간학에서 **사실적인**

---

70 훗날의 천박한 마르크스주의와는 달리 원래의 마르크스는 이러한 사회적 개인성을 순수한 사회적 존재와 유적 존재라는 집단성으로 해소해버리는 일방적 사고를 펼친 것이 아니라 포이어바흐처럼 개인의 삶과 보편적(유적) 삶 사이의 양극성과 변증법에 비추어 사고했다. 그 때문에 마르크스는 『경제학-철학 초고』에서 다음과 같이 분명히 밝히고 있다. "추상으로서의 '사회'를 다시 개인과 대립하는 것으로 고정하는 일은 반드시 피해야 한다. 개인은 **사회적 존재**이다 ⋯ 인간의 개인적 삶과 유적 삶은 서로 **다르지** 않으며 ⋯ 개인적 삶의 존재 방식은 단지 조금 더 **특수한** 유적 삶의 방식이거나 조금 더 **보편적인** 유적 삶의 방식일 따름이며, 따라서 유적 삶 역시 조금 더 **특수한** 개인적 삶이거나 조금 더 **보편적인** 개인적 삶일 따름이다(Marx, Frühe Schriften, Ausgabe Lieber, S. 597)."

71 Marx, Die Deutsche Ideologie, in: Die Frühschriften, Ausgabe Landshut, S. 346 이하.

전제가 되는 '살아 있는 인간적 개인의 실존'은 포이어바흐에서 그랬듯이 마르크스의 이론에서도 개인과 자연의 관계 그리고 개인과 인간의 관계라는 두 가지 근본적 관계에서 수행된다. 바로 이 점으로부터 '가장 먼저 확인되어야 할 사실'과 '전체 인류사의 첫 번째 전제'가 도출된다. 그것은 바로 "이 개인들의 육체적 조직과 이 조직을 통해 주어지는, 다른 자연과의 관계"[72]이다. 두 번째로 확인되어야 할 사실 및 전체 인류사의 두 번째 전제는 이 개인들의 사회적 조직과 이 조직을 통해 주어지는, 다른 인간과 맺는 관계이다.[73]

인간의 사회에서 현실적 개인의 실존을 구성하는 이 두 번째 근본적 관계에 대해 마르크스는 포이어바흐와 마찬가지로 새로운 사회적 인간주의에 관한 철학적 인간학의 규범적 전제를 집어넣는다. 그것은 바로 "인간은 인간에게 신이다!"라는 전제이다. 이 전제로부터 마르크스는 모든 인간다운 사회의 정언명령을 도출하고, 이 정언명령을 에른스트 블로흐는 1961년에 발간한 그의 획기적 저작인 『자연법과 인간의 존엄』에서 사회주의 법과 민주주의 국가에 관한 하나의 새로운 긍정

---

72 *Marx, ebd.,* S. 347.
73 마르크스와 엥겔스는 「독일 이데올로기」에서 인간과 인간 사이의 이러한 근원적 관계를 단지 경제적-정치적 사실의 측면에서만 서술하고 있다. 다시 말해 '현실의 개인'의 '물질적 삶의 조건'이라는 맥락과 이 조건이 미치는 영향의 측면에서만 서술하면서, 물질적 삶의 조건이 '생산관계'를 통해 규정당한다고 본다(ebd., S. 347 이하). 따라서 인간과 인간의 관계는 인간의 관계를 '규정'하는 윤리적-법적 규범성은 허구적인 외관, 이데올로기적 상부구조에 불과한 것이라고 여겨진다. 이 상부구조에는 전도된 세계, 다시 말해 자본주의적 계급사회의 경제적 토대와 그에 상응하는 계급법과 계급국가가 반영되어 있을 뿐이라는 것이다. 이로써 기존의 계급사회를 뛰어넘어 법과 국가에 대한 근원적 물음을 제기하는 일은 마르크스 사상에서 사라지게 된다. 즉 『경제학-철학 초고』에서 미래의 계급 없는 사회, 인간다운 사회의 법과 국가에 대해 정언명령의 형태로 제기했던 근원적 물음은 이제 더 이상 제기되지 않는다.

적 이론을 이끄는 핵심으로 삼고 있다.[74]

이와 관련해 마르크스는 그의 「헤겔 법철학 비판 서론」의 2절 마지막 부분에서 너무나도 분명하게 다음과 같이 말하고 있다. "극단적이고 철저하다는 것은 문제를 그 뿌리에서 포착한다는 뜻이다. 인간에게 뿌리는 인간 자신이다. 독일 이론의 극단주의, 즉 이 이론의 실천적 에너지를 보여주는 명백한 증거는 이 이론이 종교를 단호하고 적극적으로 폐기하는 데서 출발한다는 사실이다. 종교비판의 끝은 **인간이 인간을 위한 최고의 존재**라는 이론, 즉 인간이 억압과 예속, 천대와 경멸의 대상이 되는 모든 관계를 전복하라는 정언명령이다."[75]

우리의 물음은 이것이다. 즉 **사회적 인간주의**의 이러한 정언명령, 다시 말해 사회주의적 법과 사회주의적 국가에 대한 모든 **긍정적**(건설적) 비판에서도 타당하고 또한 타당해야만 하는 이 정언명령은 인간을 억압하고 천대하며 인간을 예속하고 착취하는 비인간적인 상태를 자발적 혁명을 통해 전복하게 되면 완벽하고 영원히 충족되는 것일까? 기존의 계급사회를 계급 없는 사회로 전환하면 '인간다운 사회'라는 문제는 영원히 해결되는 것일까? 오히려 정반대로 인간의 인간에 대한 예속과 착취에서 벗어난 그와 같은 '인간다운 사회'를 실현하고 유지하기 위해서는 이 사회에 대한 영구혁명, 즉 끊임없는 사회비판적 및 이데올로기비판적 혁신과 수정이 요구되는 것은 아닐까? 다시 말해 국가가 제정하고 관철하는 법을 통해 인간을 천대하고 인간을 경멸하고 인간을 예속하고 인간을 착취하는 사회적 상태를 끊임없

74 *Enrst Bloch*, Naturrecht und menschliche Würde, 1961, S. 214.
75 *Marx*, in: Frühe Schriften, Bd. I, Ausgabe Lieber, S. 497.

이 사회비판적 및 이데올로기비판적 혁신과 수정의 대상으로 삼아야 하는 것은 아닐까? 아니면 진정으로 인간다운 사회에서 법과 국가는 모든 '사회적 기능'을 상실하고, 그렇게 해서 아무런 기능도 없고 아무런 대상도 없이 저절로 사멸해 사라지는 것일까?

3. '인간다운 사회'에서 법의 '사회적 기능'

인간이 대상적 존재라면, 다시 말해 다른 인간과의 관계에서 **수행하고** 다른 인간과 함께 **수행되는** 것이 인간이라면 사회의 **상태**를 다음과 같이 형성하는 것이 무엇보다 중요하다. 일단 인간이 사회적 관계를 통해 예속, 억압, 착취되어서는 안 된다. 더 나아가 인간이 현실의 '인간 세계'에서 일상적으로 만나는 **타인들의 행동** ─ 인간은 특정한 관점에서 이러한 타인들의 선의와 악의에 의존한다 ─ 이 인간을 자의적으로 다루는 것이 아니라, 상호적이고 전면적으로 구속력을 갖는 행동규칙에 따라 이루어져야 하며, 이러한 규칙을 통해 쌍방의 이익과 기대를 적절하고 비례에 맞게 매개하도록 보장되어야 한다. 설령 불평등사회에서처럼 한 인종 또는 계급이 다른 인종 또는 계급을 지배하는 상태가 불식된 곳일지라도 어디에서나 인간의 인간에 대한 예속이나 착취가 발생할 위험이 있으며, 한 사람이 다른 사람의 희생하에 일방적으로 자신의 이익만을 충족할 수 있도록 허용하는 **불평등한 의존상태**가 인간 사이의 관계를 규정할 위험은 언제나 있다.

마르크스는 이미 인간 사이의 이러한 근원적 의존상태가 계급 대립이 미친 영향 때문이 아니라 **사회 내의 분업**이 미친 영향 때문이라는 사실을 간파하고 있었다. 즉 마르크스가 보기에도 "분업과 함께 개인 또는 개별 가족의 이익과 서로 교류하는 모든 개인의 공동체적 이익 사이의 모순도 발생한다. 즉 공동체의 이익은 단순히 어떤 '보편'으로 서 사유 속에 존재하는 것이 아니라 무엇보다 분업이 이루어지는 개인 들의 쌍방적 의존으로서 현실 속에 존재한다."[76]

모든 계급 대립, 즉 오늘날 마르크스주의에서 말하는 이른바 모든 적대적 모순이 폐기된 이후에도 분업을 통한 '개인들 사이의 상호의존' 에 따른, 적대적이지 않은 모순은 계속 남아 있으며, 따라서 '계급 없는 사회'에서도 이익의 대립은 계속 남아 있다.

미래의 사회에서 이러한 이익 대립을 폐기하는 것은 인간들 사이의 모든 분업을 폐기하는 것을 전제할 뿐만 아니라[77] 인간들 사이의 모든 존재 차이를 폐기하는 것까지 전제한다. 하지만 그렇게 되면 — 앞에서 이미 보았듯이 — 마르크스 자신도 "인간의 현실적 차이에 기초한다" 라고 보았던 인간의 대상적 존재 자체를 폐기하는 것이 되고 만다. 이 러한 현실적 차이는 사회구조나 정치체제의 차이와 관계없이 모든 사회 에서 사회성(Sozialität)이 무한대로 다양하고 또한 무한대로 다양한 형태 의 양극성(Polarität)을 지닌다는 사실로 인해 언제나 마주치게 되는 현

---

76 Marx, Die Deutsche Ideologie, in: Die Früschriften, Ausgabe Landshut, S. 358 이하 (강조는 지은이).
77 이에 관해 마르크스도 이미 다음과 같이 말하고 있다. "**노동의 분업**을 통해 정신적 활동과 물질적 활동, 향유와 노동, 생산과 소비가 서로 다른 개인에게 귀속될 가능 성이 발생했고, 이 가능성은 현실이 되었다. **양자가 모순에 빠지지 않을 유일한 가 능성은 분업을 다시 폐기하는 것이다**(ebd., S. 358 이하 — 강조는 지은이)." '인간 다운 사회'에서 분업의 폐기에 대한 요구가 얼마만큼 현실성 없는 추상적 유토피 아인지는 여기서 논의하지 않겠다. 우리의 맥락에서 중요한 측면은 계급 없는 사 회에서도 분업을 폐기하지 않는 이상 경제적 토대에 기초한 이익 대립을 폐기하 는 것을 기대할 수 없다는 사실을 확인하는 일이다.

상이다. 즉 인간이 대상적인 유적 존재일 수밖에 없다는 사실만으로 이미 인간은 다른 인간과의 관계에서 개개의 특정한 측면에서 필연적으로 상호의존과 상호지시의 상응관계에 있지 않을 수 없다. 다시 말해 인간은 예컨대 남편과 아내로서, 부모와 자식으로서, 선생과 학생으로서, 의사와 환자로서, 판사와 피고인으로서, 차장과 승객으로서 또는 '인간 사이의 교류'에 참가하는 자로서 등등 개개의 특정한 측면에서 서로 의존하게 되고, 그 때문에 타인의 선의 또는 악의에 내맡겨지는 상태에 놓이게 된다.

우리가 인간을 인간으로 파악하는 이상, 기존의 계급 대립 또는 새로운 계급 대립으로 인한 모든 적대적 모순이 폐기된 '계급 없는' '인간다운 사회'일지라도 적대적이지 않은 다양한 이익 대립은 계속 존재할 것이다. 이러한 이익 대립의 (존재론적-인간학적) 원인은 바로 인간이 자신의 개인적 욕구를 충족하고 개인적 능력을 발현할 때는 필연적으로 '상호의존과 상호지시'의 상태에 놓이지 않을 수 없다는 사실이다.[78]

그와 같은 이익 대립 또는 이익의 의존성은 인간 사이의 관계와 행동이 있는 곳이라면 어디에서나 발생한다. 즉 인간이 자신의 욕구를 충족하거나 자신의 능력을 발현함으로써 자신의 이익을 달성하기 위해 이에 상응하는 타인의 선의에 의존하고, 따라서 타인의 악의에 내맡겨진 곳에서는 어디에서나 이익 대립이 발생한다.

이와 같은 이익 대립 또는 이익 의존의 상태에서는 인간들이 서로

---

78 인간의 근원적인 '상호의존성'을 '대상적인 유적 존재'의 기초구조와 특히 이 존재의 '사물의 본성'으로 파악하는 견해로는 *Maihofer*, Recht und Existenz, in: Vom Recht, Hannoversche Beiträge zur politischen Bildung, Bd. 3, 1963, S. 165 이하 참고.

인간적으로 만나는 경우일지라도 인간 사이의 의존성에 **불균형**이 있는 곳에서는 인간의 이익이 침해되거나 기대가 좌절될 위험이 있다. 예컨대 양성관계에서 발생하는 일방적 예속이나 분업에서 발생하는 일방적 의존에서 이러한 위험이 잘 드러난다. 인간들이 서로 **비인간적으로** 만나는 경우는 더 말할 것도 없다.[79]

'인간다운 사회'에서 계급 대립과 분업을 폐기하고, 심지어 소유권이라는 제도까지 폐기할지라도 비인간적인 관계와 비인간적인 행동이라는 객관적으로 현실적인 가능성을 영원히 제거할 수는 없다. 그렇게 하려면 인간다운 사회는 아마도 인간의 '**대상적인 유적 존재**' 자체에 기초한 '**현실적 차이**'와 함께 이 존재에 내재하는 이익 대립까지 완전히 폐기할 수 있어야 할 것이다. 왜냐하면 육체적 또는 정신적 우위를 통해 인간 사이에 **권력의 불균형**이 존재하고, 이로 인해 한 사람이 다른 사람을 제멋대로 다룰 가능성이 있는 곳에서는 언제나 타인의 이익을 침해할 계기와 자극이 존재하기 때문이다. 다시 말해 권력이 불균형한 상태에서는 한 개인이 자신의 욕구를 충족하기 위해 타인을 희생시킬 가능성이 생긴다. 그 때문에 우월한 자의 과도한 권력과 교만으로부터 열세에 놓인 자를 사회가 **방어해야** 한다는 요구가 제기된다.

그 때문에 에른스트 블로흐가 주장하듯이 '소유권 제도'까지 폐기함으로써 "이윤의 보호와 국가의 억압기구까지 사라진" 계급 없는 사회에서조차도 '성범죄나 격정범죄'가 발생할 객관적으로 현실적인

---

79 인간의 적대적 본성(인간의 '비사교적 사교성')뿐만 아니라 '세계 자체의 적대적이고 대립적이며 역설적인 구조'로 말미암아 '인간 세계'에서 인간의 관계와 행동이 비인간적일 수밖에 없다는 근원적 사실에 관해서는 *Maihofer*, Naturrecht als Existenzrecht, 1964, S. 30 이하 참고.

가능성은 여전히 남아 있다.[80] 즉 모든 분업과 소유권 분배를 없앤 '상상의' '인간다운 사회'에서도 강간과 살인에서 시작해 모욕과 상해에 이르는 다양한 범죄가 발생하리라고 예상하지 않을 수 없고, 따라서 사회의 모든 구성원의 생명, 건강, 자유, 명예를 보호하기 위해 인간의 행동과 관련된 구속력 있는 규범의 제정과 관철을 요구하게 되고, 법으로 정형화된 제재까지는 아닐지라도 사회가 규범위반과 법위반에 대해 반작용을 가하는 조직을 요구하게 된다.[81]

계급 대립뿐만 아니라 심지어 분업과 소유권 분배까지 폐기된 사회에서도 이익충돌과 이익갈등의 계기와 자극을 제공하는 이익상태가 계속 남아 있고, 이 상태에서는 개인의 욕구충족과 개인의 능력발현을 둘러싼 논란과 분쟁이 얼마든지 발생할 수 있다. 이 점에서 모든 법의 근거는—헤라클레이토스가 말한 대로—'다툼(eris)'이다. 즉 인간 사이의 관계에서 발생하는 이익의 모순과 대립이 곧 법의 근거이다. 그 때문에 모든 법의 목표는—솔론이 말한 대로—이러한 모순과 대립을 중간(meson)을 통해 해소하는 것이다. 그렇다면 법의 '사회적 기능'은 인간이 다른 인간과 맺는 관계와 다른 인간에 대한 행동에서 불법을 통해 자기소외를 겪는 상황을 폐기하기 위한 수단이라는 사실에서 찾아야 한다. 다시 말해 법은 인간과 인간의 관계를 인간적인 관계가 되도록 매개하는 방식이다. 이러한 법의 기능은 계급 없는 사회에서도 가능하고 동시에 필요하다.[82]

---

80 *Ernst Bloch*, Naturrecht und menschliche Würde, S. 210에서도 이 점을 인정한다.
81 이에 관해서는 *Maihofer*, Rechtsstaat und menschliche Würde, S. 82 이하, 특히 114 이하[한국어판: 『법치국가와 인간의 존엄』, 144면 이하] 참고.
82 모든 진정하고 정의롭고 인간다운 법은 사회에서 사회비판적 및 이데올로기비판적 기능을 갖는다는 점에 관해서는 *Maihofer*, Ideologie und Recht; Ideologie und

'인간다운 사회의 형태'에 도달하려면 단순히 소극적으로 인간의 인간에 대한 예속과 착취라는 비인간적 관계를 폐기하는 데 그치지 않고, 한 걸음 더 나아가 적극적으로 기존상태에 대한 끊임없는 사회비판적 및 이데올로기비판적 혁신과 수정을 통해 더 완벽하게 '인간다운 사회의 형태'를 향해 나가야 한다. 이를 위해서는 인간의 대상적 존재, 즉 '인간다운 사회'에 내재하는 모순과 대립을 매개하고 조정함으로써 최대한 실질적 타당성과 인간적 정의를 수립해야 한다. '사회적 인류'를 구성하는 모든 인간의 개인적 욕구와 개인적 능력은 필연적으로 이러한 모순과 대립을 겪을 수밖에 없기 때문이다.

하지만 실질적 타당성과 인간적 정의를 관계의 질서와 이에 상응하는 행동의 규율을 통해 보장하는 일을 개인의 자의, 즉 개인의 선의 또는 악의에 맡길 수는 없다. 계급 없는 사회에서도 이러한 보장을 위해서는 법이 필요하다. 다시 말해 어떤 문제와 관련된 모든 당사자의 이익을 개인의 선의 또는 악의와 관계없이 법을 통해 최대한으로 그리고 평등하게 충족되도록 보장하는 관계의 질서와 행동의 규칙을 사전에 확정하고, 이 확정된 내용의 안정성을 확보하며, 필요하다면 (강제적으로) 관철해야 한다. 이때 한 당사자의 이익을 일방적이고 편파적으로 우대해서는 안 된다. 왜냐하면 모든 당사자의 이익을 실질적으로 타당하고 인간적으로 정의롭게, 다시 말해 적절하고 비례에 맞게 매개하고 이러한 매개가 각각의 관계의 특수한 본성, 즉 '사물의 본성'[83]에 부

Naturrecht, in. *ders.*(Hrsg.), Ideologie und Recht, 1968 참고.

[83] '사물의 본성'을 '사회적 소재'의 특수하고 유형적인 이익 상황으로 파악하는 견해로는 *Maihofer*, Droit naturel et nature des choses, in: Archiv für Rechts- und Sozialphilosophie, Bd. 51, 1965, S. 233 이하, 특히 256 이하 참고.

합하고 이에 모순되지 않을 때만 진정한 법을 발견할 수 있기 때문이다. 이 점에서 마르크스는 라인 주의회에서 진행된 산림절도법에 대한 논의를 사회비판적이고 이데올로기비판적으로 분석하는 글에서 이미 법의 사회적 기능을 다음과 같이 서술한다. "법률은 진리를 말해야 한다는 보편적 의무에서 벗어나지 않는다. 오히려 법률은 이중으로 이 의무를 부담한다. 왜냐하면 법은 사물의 법적 본성에 대해 말하는 보편적 화자(Sprecher)이자 진정한 화자이기 때문이다. 따라서 사물의 법적 본성이 법률을 지향할 수 있는 것이 아니라 법률이 사물의 법적 본성을 지향해야 한다."[84]

그러므로 법률이 일방적이고 이데올로기적으로 한 당사자의 '사적 이익'과 같은 '특수이익'만을 중시해서는 안 된다는 것은 '입법의 첫 번째 규칙'에 속한다. 이 점에서 마르크스는 다음과 같이 단호하게 말한다. "마치 벙어리에게 엄청나게 긴 확성기를 준다고 해서 갑자기 말을 할 수 있게 되지 않는 것처럼 사적 이익을 입법자의 왕위에 올려준다고 해서 사적 이익이 법을 제정할 수 있게 되지는 않는다."[85]

따라서 정의로운 법은 마르크스에게도 이데올로기적 법, 즉 특정한

---

84 *Marx*, Verhandlungen des 6. Rheinischen Landtag, 3. Artikel, Debatten über das Holzdiebstahlsgesetz, in: Frühe Schriften, Bd. I, Ausgabe Lieber, S. 212(강조는 지은이).

85 *Marx*, ebd., S. 255. 마르크스는 이 논쟁에 대한 비판적 분석에서 산림 소유자들의 기본원칙이 무엇인지 물으면서 이렇게 대답한다. "설령 법과 자유의 세계가 몰락할지라도 산림 소유자의 이익만은 반드시 보장하는 것이다(ebd., S. 243)." 따라서 마르크스는 분명 법률을 통해 '특수이익'을 일방적으로 정립하고 관철하는 것을 법률적 불법이자 국가의 불법으로 여겼다. 이와 관련해 마르크스는 명백히 이렇게 말한다. "오늘날의 모든 국가는 — 국가라는 개념에 거의 부합하지 않지만 — 국가를 사적 이익의 사상으로 전락시키고자 하는 입법권을 처음으로 실천에 옮기려고 시도할 때 이미 '너의 길이 나의 길이 아니고 너의 사상은 나의 사상이 아니다'라고 부르짖지 않을 수 없다(ebd., S. 230)."

이익이라는 관점에 의해 일방적으로 규정되는 법과 정확히 반대되는 법이다. 다시 말해 마르크스가 생각하는 정의로운 법은 사회비판적이고 이데올로기비판적 측면에 비추어 볼 때 모든 당사자의 이익이라는 포괄적인 관점에서, 즉 각각의 관계가 지닌 본성으로부터 기획된 법이다.

모든 사람의 이익을 적절하고 비례에 맞게 매개하는 법만이 **인간다운 법**이 될 수 있고, 이러한 법은 어떠한 계급적 성격도 없는 사회일지라도 일상적 법현실에서 진정으로 '인간다운 사회'를 수립하고 유지하기 위한 필수 불가결의 가능성 조건이다.

마르크스가 생각하는 이 인간다운 법이 무엇인지는 그가 저널리스트로서 산림절도법을 부정의하고 허위이며, 그 때문에 비인간적이라고 비판적으로 분석한 기사에서 너무나도 분명하게 표현되어 있다.[86]

---

86 이 산림절도법 사례는 법률안에 대한 토의에서 등장하는 논증이 특정한 이해관계에 기초한다는 사회학적이고 이데올로기적 측면을 사회비판적이고 이데올로기비판적으로 분석하려는 마르크스의 방법론적이고 체계적인 시도의 첫 번째 사례에 해당한다. 이 논증에서 마르크스가 주목한 것은 이해당사자들이 자신들의 주장을 정당화하기 위해 원용한 '불리한 결과(nachteilige Folge)'였다. "무엇이 불리한 결과인가? 산림 소유자의 이익에 불리한 것이 곧 불리한 것이다. 그러니까 법이 낳은 결과가 소유자 자신의 이익을 성취하지 못하면 불리한 결과라는 것이다. 이 지점에서 이익은 참으로 대단한 시력을 발휘한다. 그 이전에는 육안으로도 볼 수 있는 것마저 제대로 보지 못하다가 갑자기 현미경으로나 볼 수 있는 것까지 보게 된다. **오로지 이익만을 보게 되면 전체 세계는 눈엣가시가 되고, 위험한 세계가 된다. 왜냐하면 세계는 하나의 이익의 세계가 아니라 다수의 이익의 세계이기 때문이다**(ebd., S. 240 — 강조는 지은이)." 그 때문에 법률안 토의에서 등장하는, 이해 당사자의 이러한 이데올로기적 논증에 대해 마르크스는 매우 날카롭게 다음과 같이 지적한다. "이익은 불리한 결과라는 관점으로 법을 … 먹칠하고", 이해 당사자들이 제기하는 이런 식의 이데올로기적 논거는 "문제를 문제 자체와 관련해 주장하지 않고, 따라서 **법을 하나의 독자적인 대상으로 주장하지 않으며**, 오히려 자신들의 이익을 충족해주는 법으로부터 세계로 향하거나 자신들의 머릿속으로 들어가려고 하며, **법의 뒷전에서** 조작을 일삼게 된다(ebd., S. 238 이하)."

그 당시 가난한 사람들이 숲에서 땔감으로 사용하기 위해 나뭇조각을 수집하는 행위는 오래전부터 허용되는 일종의 관습법이었는데, 뒤셀도르프의 라인 주의회는 뻔뻔하기 그지없는 논의를 거쳐 결국 산림 소유자들과 이를 지지하는 주의회 의원들 다수의 결의로 이 행위를 절도죄로 처벌하는 산림절도법을 통과시켰고, 나뭇조각 가액의 몇 배에 해당하는 배상금, 징역형 그리고 소유자 산림에서의 노역형을 규정했다.

마르크스가 이 비인간적인 법에 대해 말한 내용은 그 자신이 살던 봉건주의 말엽의 법보다 더 인간다운 법의 새로운 정신이 무엇인지를 다른 모든 이론적 저작보다 훨씬 더 선명하게 밝혀주고 있다.

"이 보잘것없고 무디고 멍청하며 이기적이기 짝이 없는 영혼인 이익은 딱 한 개의 지점, 즉 이익이 침해되는 지점만을 노려볼 따름이다. 이런 영혼은 그저 지나가던 피조물이 자신의 티눈을 건드렸다는 이유로 이 피조물을 하늘 아래 가장 비열하고 가장 사악하다고 여기는 천박한 인간과 비슷하다. 그런 인간은 티눈(= 사적 이익 ─ 옮긴이)을 자신이 보고 판단하기 위한 눈으로 만들고, 지나가다 슬쩍 건드린 지점을 마치 세계가 이 인간의 본질을 건드린 유일한 지점인 것처럼 미쳐 날뛴다."

"어떤 사람이 내 티눈을 건드렸다고 해서 그가 이제는 정직하고 탁월한 인간이 아니라고 말할 수는 없다. 당신들이 인간을 당신들의 티눈으로 판단해서는 안 되듯이 인간을 사적 이익이라는 눈으로 판단해서는 안 된다. 사적 이익은 다른 인간과 적대적으로 마주하는 한 가지 영역을 이 인간의 삶의 영역 전체로 만들어버린다. 그리고 사적 이익

은 법률을 해로운 동물을 말살하려는 **쥐잡이**로 만든다. 왜냐하면 쥐
잡이는 자연 탐구자가 아니기에 쥐를 그저 해로운 동물로만 보기 때
문이다. 그러나 국가는 남의 산에서 나무를 훔친 자를 나무를 해친 자
로만 보아서는 안 되고 **나무의 적**으로만 보아서도 안 된다."[87]

마르크스가 범죄자가 된 시민에 대한 새로운 인간적인 시각을 제공하
면서 내세운 근거는 오늘날 우리가 말하는 재사회화 형법과 조금도
다르지 않다. 재사회화 형법은 개인에 대한 사회의 공동책임을 근거
로 삼고 있으며, 오늘날 '눈에는 눈'이라는 응보의 형이상학을 점차
대체하기 시작했다. 마르크스는 이렇게 말을 이어간다. "시민 모두가
수천 개의 신경을 통해 국가에 연결되어 있다면, 한 시민이 스스로 신
경 하나를 끊어냈다고 해서 국가가 신경을 모두 끊어도 좋단 말인가?
국가는 나무를 훔친 자를 인간으로 보아야 한다. 즉 심장의 피가 도는
살아 있는 구성원, 조국을 수호하는 군인, 법정에서 증언하는 증인,
공적 기능을 담당하는 공동체 구성원, 한 가족의 신성한 가장 그리고
무엇보다 국민으로 보아야 한다. 국가는 국가를 구성하는 한 국민의
이 모든 소명을 배제해버리는 경솔함을 범해서는 안 된다. 그렇게 되
면 국가 자신의 몸을 절단하는 것이 되고 시민을 범죄자로 만드는 꼴
이 되기 때문이다."[88]

이는 **법**과 관련해 근대로 넘어가는 과도기에 트리어 시민 마르크스
가 자신의 초기 사상에서 피력한 완전히 새로운 **사회적 파토스와 에토
스**를 표현한 것이다. 트리어를 대표하는 의원이 주의회 토론에서 산

87 *Marx*, ebd., S. 223.
88 *Marx*, ebd.

림절도에 따른 노역형을 부과할 때 수형자에게 물과 빵만 주는 절감 조치는 가혹하다는 반론에 대해 "트리어 지역에서는 절감 조치를 이미 도입했고 그사이 이 조치가 매우 효율적이라는 사실이 증명됐다"라고 설명한 것을 두고 마르크스의 파토스와 에토스는 고향 트리어에 대해서까지 노골적인 거부감과 분노를 드러내는 방향으로 표출된다. 즉 마르크스는 트리어 의원의 발언에 대해 고향에 대한 애정과 분노를 함께 담아 이렇게 대꾸한다. "도대체 이런 식으로 발언한 의원은 왜 절감 조치가 트리어에 좋은 효과를 발휘한다고 생각하는가? 차라리 주의회에서 그렇게도 자주 찬양해 마지않는 **종교적 심정을 강화한**다고 말하지? 물과 빵만 주는 것이 진정한 은총이라는 사실을 그 당시 누가 알았단 말인가! 어떤 토론에서는 마치 자신들이 무슨 영국의 신성의회(크롬웰 치하에서 1653년에 소집된 의회로서 강한 종교적 성향으로 유명하다. 의원 가운데 한 명인 목사 베어본Barebone의 이름을 따 '베어본 의회'로 불리기도 한다. 약 6개월에 걸쳐서만 존속했다—옮긴이)나 되는 것처럼 거들먹거린다. 하지만 지금은? 기도와 믿음 그리고 찬송가 대신 물과 빵, 감옥, 산림노역 들먹인다. 그들은 라인란트에 천상의 옥좌를 마련하려는 듯 제멋대로 지껄이면서 라인란트에 사는 한 계급 전체를 노역형에 처해 채찍질을 가하겠다고 떠들어댄다. 네덜란드의 대농장 지주도 흑인 노예들을 그렇게 잔학무도하게 다룰 생각을 하지는 않을 것이다."[89]

---

[89] *Marx*, ebd., S. 251 이하. 그런 다음 마르크스는 다음과 같이 신랄한 말로 마감한다. "이 모든 점은 무엇을 증명하는가? 인간적이지 않고자 하면 성스럽게 되기가 더 쉽다는 사실이다. 따라서 '한 의원이 제23조의 규정을 비인간적인 규정으로 여겼지만, 표결을 통해 가결되었다'라는 (주의회 회의록에 등장하는) 문장은 그렇게 이해할 수밖에 없다. 이 조항과 관련해 비인간성 이외의 다른 내용은 회의록에 나와 있지 않다(ebd., S. 252)."

마르크스는 목재와 산림 소유자의 **특수이익**을 일방적으로 보호하는 법, 즉 일방적으로 이익 이데올로기만을 고려해 제정되고 관찰되는 법에 대한 반론을 다음과 같은 생각해볼 가치가 있는 말로 끝맺는다. "나무는 시베리아에서든 프랑스에서든 나무일 뿐이다. 산림 소유자는 캄차카반도에서든 라인란트 지방에서든 산림 소유자일 뿐이다. 만일 나무와 나무 주인 자체가 법률을 제정한다면 이 법률은 법률이 제정된 지리상의 지점과 법률에 사용된 언어 말고는 내용상 아무런 차이도 없다. **저열하기 짝이 없는** 이 물질주의, 민족과 인류의 신성한 정신을 침해한 이 죄악은 … 입법자에게 산림법과 관련해서는 오로지 나무와 숲만 생각하고 구체적인 실질적 과제를 국가의 이성이나 국가의 윤리에 비추어 **정치적으로** 해결할 필요가 **없다고** 설교하는 파렴치한 주장으로부터 도출되는 직접적 결론이다."[90]

이렇게 볼 때 청년 마르크스는 분명히 **진정하고 정의롭고 인간다운 법**은 우리가 오늘날 이데올로기적 법, 즉 가장 강한 이익과 이 이익 주체의 의지를 관철하기 위해 왜곡되고 날조된 편파적인 허위의식으로서의 법이라고 부르는 법과는 정반대되는 법이라고 생각했다. 이와 같은 이데올로기적 법에 대해 마르크스가 처음으로 이데올로기비판적 분석을 가한 글에는 우리가 최근에야 비로소 법사상을 사회과학적 방향으로 새롭게 정립하려는 시도의 토대가 되는 법사상이 분명하게 드러나 있다. 즉 설령 역사적 현실에서 등장하는 법이 자주 허위의 법

---

90 *Marx*, ebd., S. 256. 마르크스는 여기에 다음과 같은 물음을 덧붙인다. "쿠바 원주민들은 황금을 **스페인인들의 물신**(Fetisch)으로 여긴다. 원주민들은 황금을 에워싸고 축제를 벌이고 노래를 부르고 나면 황금을 바다에 내던진다. 쿠바 원주민들이 라인 주의회에 참석했다면 나무를 **라인란트인들의 물신**으로 여기지 않았을까?(ebd., S. 256 이하).

으로서 한 사회를 지배하는 이익을 대변하는 이데올로기적 낙인에 불과할지라도 이러한 이데올로기적 장애물을 파기하는 법만이 진정한 법이 될 수 있다는 이해이다.

이처럼 마르크스는 라인 주의회의 토의를 분석하면서 주의회 의원들이 이해관계 당사자로서 이데올로기에 사로잡혀 있다는 사실을 밝히는 가운데 그의 저작에서 처음으로 방법적이고 체계적인 관점에서 허위의 법을 이데올로기적인 법으로 비판하고 있다. 하지만 이러한 비판은 모든 정당한 법이 솔론의 사회개혁에서 오늘날에 이르기까지 언제나 이데올로기비판적 의미를 지닌다는 점에 대한 인식을 미리 전제하고 있다. 마르크스가 모든 입법적 과제는 "국가의 이성이나 국가의 윤리를 고려해 정치적으로 해결해야 한다"라고 요구할 때도 사실상 정당한 법의 이데올로기비판적 의미를 전제하고 있다.

법의 이러한 '사회적 기능'은 정치적 과제로서 계급 대립이 폐기된 국가에서도 여전히 중요하다. 왜냐하면 한 개인의 이익과 다른 모든 사람의 이익(사회의 이익—특히 형법의 경우를 생각해보라)을 적절하고 비례에 맞게 조정해야 할 과제는 가장 강력한 사회적 이익으로부터 독립되고, 갈등상황에서 이 이익보다 더 우월한 지위에 있는 정치적 기관이나 권위를 통해서만 수행될 수 있기 때문이다.

마르크스에 따르면 미래의 계급 없는 사회에서는 개인들의 연합이 기존의 국가를 대체한다. 그렇다면 이 연합의 조직에서는 입법과 사법을 통해 보장되어야 할 법의 사회비판적 및 이데올로기비판적 기능이 과연 어떠한 의미를 지니는 것일까?

4. '인간다운 사회'에서 국가의 '정치적 기능'

진정으로 '인간다운 사회'에서는 이데올로기적 법이 사멸하긴 하
지만, 법의 사회비판적 및 이데올로기비판적 기능은 비로소 이 사회에
서 생동감을 발휘해야 한다. 즉 오로지 이러한 기능으로부터 영구혁명
또는 진화가 이루어질 수 있다. 여기서 진화는 인간다운 사회가 기존상
태에서 벗어나 개인적 자유와 안전이 최대한으로 그리고 평등하게 보장되
는 질서와 동시에 복지와 정의가 최대한으로 그리고 평등하게 보장되는
질서를 향해 끊임없이 나아가는 길을 확보한다는 뜻이다.[91] 이와 마찬
가지로 국가 역시 마르크스가 불평등의 봉건국가를 지칭했던,[92] 귀족
정이라는 '동물의 왕국'에서 벗어나 '민주주의라는 인간 세계'[93]로 전환
함으로써 계급지배와 계급투쟁의 표현과 도구로서의 이데올로기적

---

91 사회질서가 이처럼 두 가지 방향설정과 목표설정에 따라 끝없는 진화를 거쳐 자
유로운 법치국가와 사회국가라는 국가구조에 도달해야 한다는 사고에 관해서는
Maihofer, Rechtsstaat und menschliche Würde, 1968, S. 39 이하[한국어판: 『법치국
가와 인간의 존엄』, 56면 이하] 참고. 이러한 국가구조에는 평등이라는 우리의 시
대정신을 반영한 두 가지 구체적 유토피아가 결합해 있다. 하나는 '**세계시민사회**'
에서 최대한의 그리고 평등한 자유와 안전이 보장되는 법질서라는 의미의 **법유토
피아**이고, 다른 하나는 '**계급 없는 사회**'에서 최대한의 그리고 평등한 복지와 정의
를 실현한 사회질서라는 의미의 **사회유토피아**이다.
92 이 '부자유의 민주주의'에 대해 마르크스는 이렇게 말한다. "(특권층의 관습법에
서) 인간은 서로 다른 종의 동물로 분할되고, 이 종이 다른 동물들과 맺는 관계는
평등이 아니라 불평등이며, 법률은 이 불평등을 고정한다. 부자유의 세계상태는
부자유의 법을 요구한다. **인간다운 법은 자유의 현존**임에 반해, 이 **동물적인 법은
부자유의 현존**이기 때문이다. 가장 넓은 의미의 봉건주의는 정신적인 동물의 왕
국이고, 분할된 인간의 세계는 구별된 인간의 세계와는 반대된다. 서로 구별된 인
간의 세계의 불평등(다름)은 단지 평등(같음)이 여러 가지 색깔로 드러나는 것일
뿐이다(ebd., S. 215 이하)."
93 이는 마르크스가 아놀드 루게에게 1843년 5월에 보낸 편지에 등장하는 표현이다
(Frühe Schriften, Bd. I, Ausgabe Lieber, S. 436).

성격을 상실해야 하지만, 국가의 사회적 기능과 **정치적 기능** 자체까
지 상실해서는 안 된다.

정치적 국가가 아직 '사회주의적 요구를 충족하지 않은 곳'일지라
도 국가는 (마르크스가 보기에) '국가의 모든 **근대적 형식**에 비추어 볼
때 이성의 요구'를 포함한다.[94] 이러한 과제, 즉 이성을 실현하라는 요
구가 사회주의적 민주주의에서 국가의 정치적 기능으로 제기된다는
것 말고 도대체 다른 무슨 과제가 국가에 대해 제기된다는 말인가?

이는 곧 **미래의 국가**가 **정치적 민주주의**로서 물질주의 철학과 사회
주의 이론에서도 "자유의 이성으로부터 구성되어야 하고" "이성적 자
유의 실현으로" 조직되어야 한다는 것을 뜻한다.[95]

물론 그렇다고 해서 국가가 자유 이념이라는 절대적 이념의 실현으
로 파악되어야 한다거나 이성의 논리라는 추상적 논리로부터 구성되
어야 한다는 뜻은 아니다. 여기서 국가건설의 근거와 척도인 자유와
이성은 어디까지나 **인간의 자유**이고 '사회의 이성'이다.[96]

따라서 여기서 핵심은 인간 또는 사회 그 자체가 아니라 **사회에서의
인간**이다. 다시 말해 **인간다운 사회에 사는 자유로운 인간**이다. 그 때문
에 헤겔과 마찬가지로 마르크스에서도 국가의 구조는 국가에 관한 모
든 철학과 이론의 중심인 '자유의 이성'으로부터 건설되어야 하고, 인

---

94 *Marx*, ebd., S. 448.
95 *Marx*, Der leitende Artikel der Kölnischen Zeitung, in: Frühe Schriften, Bd. I,
 Ausgabe Lieber, S. 195. 여기서 마르크스는 다음과 같이 말하기도 한다. "국가를 인
 간관계의 이성으로부터 펼쳐나가는 것은 곧 철학이 완수하는 작업이다."
96 이에 관해서는 *Marx*, ebd., S. 196 이하 참고. "과거의 철학적 국가법학자들이 명예
 욕이나 사교성과 같은 본능으로부터 국가를 구성하거나 아니면 사회의 이성이
 아니라 개인의 이성을 기초로 국가를 구성했다면, 이보다 더 이념적이고 더 근원
 적인 최신의 철학은 전체라는 이념으로부터 국가를 구성한다."

간다운 사회에서의 이성적인 자유 또는 이성적인 사회에서의 인간다운 자유로부터 건설되어야 한다.

이 점에서 마르크스가 헤겔과 마찬가지로 국가에서 "법적, 윤리적 및 정치적 자유가 실현되어야 한다"[97]라고 말할 때 국가는 헤겔처럼 추상적 이성에 기초해 자유라는 절대적 이념의 구성이 아니라 '인간의 눈으로', 즉 인간 자신의 자유와 이성의 '자연법칙'에 기초해 사회 속의 인간을 조직하는 것이다. 이러한 사회에서 "개개의 국민은 국가의 법률을 통해" 다른 그 어느 것도 아닌 바로 이성적인 사회에서의 인간의 자유에 관한 '자연법칙'에 복종하는 것이며 인간다운 사회에서의 이성적인 자유에 복종하는 것이다.[98]

이처럼 국가에서 중요한 것은 자유와 이성 그 자체가 아니라 '인간다운' 이성에 기초한 '인간다운' 자유의 구체화라면 이는 곧 인간, 즉 이성적인 사회에서의 자유로운 인간 또는 자유로운 사회에서의 이성적 인간이 역사상 처음으로 '국가구조의 원칙'이 되었다는 뜻이다.[99]

---

[97] 마르크스는 '이 최신의 철학의 관점', 즉 헤겔의 관점에 대해 이렇게 말한다. "이 철학은 국가를 법적, 윤리적, 정치적 자유가 실현되어야 하고, 개별 국민이 국가법률을 통해 오로지 국민 그 자신의 이성, 즉 인간적 이성의 자연법칙에만 복종하게 되는 거대한 유기체로 파악한다."

[98] 이처럼 국가를 '인간의 눈으로' 보는 새로운 고찰방식에 대해 마르크스는 다음과 같이 날카롭게 표현한다. "당신들이 의사에게 신앙심이 깊은지 묻지 않듯이 정치가에게도 신앙심이 깊은지 물어서는 안 된다. 천체에 대한 코페르니쿠스의 위대한 발견이 이루어진 시기 전후로 국가에 관한 중력 법칙도 동시에 발견되었다. 이제 국가의 중력을 국가 자체에서 찾게 되었고, 유럽의 여러 정부가 이러한 결론을 국가의 권력균형 체계에 피상적으로나마 적용하려고 시도하기 시작했다. 이렇게 해서 마키아벨리와 캄파넬라에서 시작해 홉스, 스피노자, 그로티우스를 거쳐 루소, 피히테, 헤겔에 이르기까지 국가를 인간의 눈으로 고찰하게 되었으며, 신학이 아니라 이성과 경험에 기초해 국가의 자연법칙으로 펼쳐나가게 되었다. 이는 마치 여호와가 기드온에서 해를 멈추고 아얄론 계곡에서 달을 멈추라 할지라도 코페르니쿠스는 아무런 문제도 없었던 것과 마찬가지이다(ebd., S. 195 이하)."

그 때문에 마르크스는 자신의 철학 역시 '인간의 권리'를 해석해야 할 과제를 갖는다고 선언하면서 "국가는 인간의 본성에 따르는 국가일 것"[100]을 요구한다. 따라서 마르크스가 말하는 국가는 "인격의 최상의 현실로, 즉 '인간의 최상의 사회적 현실'"[101]로 구성되어야 한다. 다시 말해 국가는 '대상적인 유적 존재'인 '사회적 개인'으로서의 인간의 현실로 구성되어야 한다.

실천철학을 이론적 혁명을 통해 코페르니쿠스적으로 전환한 포이어바흐와 마찬가지로 마르크스에게도 인간이 국가 때문에 존재하는 것이 아니라, 국가가 인간 때문에 존재하고, 따라서 국가는 '인간을 위한 최상의 존재'이고 '사회적 개인의 자유로운 연합의 조직'인 셈이다.

그러므로 마르크스가 국가를 '자유로운 인간들의 단체'[102]로 지칭할 때 의미하는 인간은 바로 이러한 현실의 인간, 즉 구체적으로 다른 인간과 함께하면서(= 사회에서) 자신을 실현하는 인간이다. 따라서 고립된 개인, 즉 추상적 주체(= 인간 그 자체)가 아니라 구체적인 주체-객체, 즉 사회적 개인(다른 인간과 함께하는 인간)이 현실의 인간이고, 민주주의 국가의 정치이론에서는 바로 이 현실의 인간이 '주권적인 존재, 최상의 존재'로 여겨진다.[103]

---

99 *Marx*, Kritik des Hegelschen Staatsrechts, S. 278 이하. "지나간 의식의 산물이었던 국가구조가 진보하는 의식에 대해서는 억압하는 사슬이 될 수 있다는 점은 너무나도 당연한 일이다. 따라서 진정으로 중요한 일은 현실의 인간과 함께 진보한다는 사실을 분명히 의식하면서 진보하는 것 자체를 소명과 원칙으로 삼는 국가구조를 요구해야 한다는 점이다. 이는 '인간'이 국가구조의 원칙이 될 때만 비로소 가능하다."

100 *Marx*, Der leitende Artikel der Kölnischen Zeitung, ebd., S. 194.

101 *Marx*, Kritik des Hegelschen Staatsrechts, S. 305.

102 *Marx*, Der leitende Artikel der Kölnischen Zeitung, ebd., S. 185.

103 *Marx*, Zur Judenfrage, in: Frühe Schriften, Bd. I, Ausgabe Lieber, S. 468.

사회 속에 있는 인간이라는 현실적이고 대상적인 존재에 비추어 볼 때 사회와 개인이 '추상화의 산물'로 서로 '고정'된 상태에서 대립하는 것이어서는 안 되듯이 국가와 개인 역시 추상화의 산물로 서로 분리된 것으로 여겨지거나 체험되어서는 안 된다. 바로 이 점에 근대국가의 핵심문제가 도사리고 있다. 즉 근대국가는 국가에서 발생하는 사회와 국가의 분리 그리고 인간이 자기 자신으로부터 소외되는 현상을 극복해야 하고, 헤겔이 말한 대로 이러한 분리와 소외를 '지양(aufheben)' 해야 한다.[104]

왜냐하면 사회와 국가가 분리되고, 인간의 사회적(신분적) 및 국가적(정치적) 존재를 동일시하는 봉건주의가 해체된 이후 근대국가의 인간은 프랑스 혁명을 통해 부상한 것처럼 이중의 존재로 분해되기 때문이다. 즉 한편에서는 사회 속에 있고, 다른 한편에서는 국가 속에 있게

---

[104] 마르크스는 기존의 귀족주의적 국가의 헌법에 관해 서술하면서 인간이 정치적 국가에 의해 분리되는 이러한 현상은 인간이 종교에 의해 소외되는 현상과 정확히 일치한다고 본다. "(귀족주의) 헌법은 다른 영역들에 대해 보편적 이성으로, 즉 이 영역들의 피안에 있는 것으로 펼쳐진다. 그리하여 역사적 과제는 이 보편적 이성을 주장하고 관철하는 것이었으며, 이에 반해 이와 대비되는 특수한 영역들은 자신들의 사적 존재가 헌법이나 정치적 국가라는 피안의 존재와 운명을 함께 한다는 의식이 없었고, 헌법이나 국가라는 피안의 존재가 특수한 영역들 자체의 소외를 긍정하는 것이라는 의식도 없었다. 정치적 헌법은 지금까지 종교적 영역, 민중의 삶의 종교, 민중의 삶의 현실이라는 세속적 존재에 대비되는 보편성의 천상이었다. 그리하여 정치적 영역은 국가에서 유일한 국가영역이었고, 이 영역에서 내용 및 유적 내용이라는 형식, 즉 진정한 보편이었고 이와 동시에 이 영역들이 다른 영역들과 대비되어 … 이 영역들의 내용이 형식적이고 특수한 내용이 되기도 했다. 이 점에서 군주정은 이러한 소외의 완성된 표현이다. 공화정은 그 자신의 고유한 영역에서 이러한 소외에 대한 부정이다. 따라서 사적 영역이 독자적인 존립을 획득한 곳에서 비로소 정치적 헌법 자체가 형성되는 것은 너무나도 당연하다. 무역과 토지 소유가 아직 독립하지 못한 곳에서는 정치적 헌법도 존재하지 않는다. 중세는 부자유의 민주주의였다(Kritik des Hegelschen Staatsrechts, S. 295 — 강조는 지은이)."

된다. 다시 말해 자신의 특수이익(사적 이익)을 추구하는 '시민사회의 구성원(부르주아)'으로서의 '이기적 개인'과 '국민'으로서 보편적 이익(국가이익)을 지향하는 '도덕적 인격(시티즌)'으로 분해된다.[105]

그 때문에 이미 헤겔도 프랑스 혁명을 통해 **부르주아**가 **시티즌으로부터 해방됨**으로써 등장한 사회와 국가의 분리를 지양해야 하는 일을 '새로운 국가의 본질'로 선언한다. "보편이 개인의 특수성과 복리와 관련된 완전한 자유와 결합하고, 가족과 부르주아 사회의 이익이 국가로 결집해야 한다." 하지만 "목적의 보편성은 자신의 권리를 보존해야 하는 특수성에 대한 나름의 지식과 의욕이 없이는 진보할 수 없다."[106]

이 점에서 헤겔은 프랑스의 민주주의 혁명을 통해 처음으로 사상에서 실천적 행위로 전환된 것을 근대국가의 원칙으로 지칭한다. "근대국가의 원칙은 이 엄청난 무게와 깊이, 즉 주체성의 원칙을 개인적 특수성이라는 **독자적인 극단**으로 완성하도록 만들어야 하고, 동시에 이 원칙을 **실질적 통일성으로** 소급시켜 이 원칙 자체 내에서 실질적 통일성을 보존해야 한다."[107]

---

105 이에 관해서는 *Marx*, ebd., S. 358 참고. "시민사회(부르주아 사회)와 정치적 국가의 분리는 정치적 시민, 즉 국민을 시민사회, 다시 말해 시민 자신의 경험적 현실과 분리하는 것으로서 필연적으로 여겨진다. 왜냐하면 국가관념론자로서의 시민은 시민 자신의 현실과는 완전히 구별되고 시민의 현실에 대립하는 존재이기 때문이다."[이 측면에서 마르크스는 사적 이익의 주체로서의 시민(부르주아)과 정치적 공동체를 함께 형성하는 국민(시티즌)을 구별한다. 이 구별 자체는 근대 정치철학의 전통에 서 있으며, 특히 헤겔 법철학에서 가장 분명하게 드러나 있다 — 옮긴이]

106 *Hegel*, Grundlinien der Philosophie des Rechts oder Naturrecht und Staats-wissenschaft im Grundrisse, in: Sämtliche Werke(Jubiläumsausgabe Glockner, Bd. 7), S. 338(§ 260, Zusatz).

107 *Hegel*, ebd.(§ 260). 이에 관해서는 *Maihofer*, Hegels Prinzip des modernen Staates, in: Schweizer Monatshefte, 47. Jg., S. 263 이하, 특히 270 이하 참고.

헤겔의 근대국가 원칙에서도 가장 중요한 것은 이러한 **구체화**를 조직하는 문제, 즉 사회와 국가 사이의 상호적 지양을 조직하는 문제이다. 다시 말해 민주주의 혁명이라는 정치적 해방을 통해 등장한 두 가지 추상화, 즉 단순히 특수이익('특수의지')에 의해 지탱되고 움직이는 사회의 영역과 순수한 보편의지에 의해 지탱되고 움직이는 **국가의 영역**을 구체화하고, 동시에 부르주아가 시티즌으로부터 해방됨으로써 인간이 사회와 국가로 각각 분리되어 단순히 개별적('개인적')인 존재와 유적('집단적') 존재의 **측면**으로 분할되는 것을 다시 구체화하는 것이 가장 중요한 문제가 된다.

마르크스도 헤겔처럼 기존의 국가에서 사회적 영역과 국가적 영역으로 분리된 인간존재를 사회와 국가 사이의 지속적 지양을 통해 매개하는 것이 곧 국가의 정치적 기능이라고 보았다.[108]

---

108 따라서 헤겔의 국가철학에 대한 비판을 통해 전개된 마르크스의 민주주의 국가 이론은 헤겔의 국가사상으로부터 탈피한 것이 아니라 단지 헤겔의 **관념론적 변증법**을 물질주의적 또는 **현실주의적 변증법**으로 **뒤집은 것**일 따름이다. 즉 헤겔의 변증법은 관념에서 출발하는 반면, 마르크스의 변증법은 — 포이어바흐의 '이론적 혁명'에 따라 — **현실**로부터 출발한다. 그 때문에 마르크스는 헤겔에 대해 다음과 같은 반론을 제기한다. "국가가 가족 구성원과 시민사회 구성원의 집합으로 구성된다는 것은 엄연한 사실이다. 그러나 (헤겔의) 사변은 이 사실을 관념의 행위라고 말한다. 즉 집합의 관념이 아니라 사실 자체와는 구별되는 주관적 관념의 행위라는 것이다(*Marx, Kritik des Hegelschen Staatsrechts*, S. 264)." 이 반론의 근거는 이렇다. "정치적 국가는 가족이라는 자연적 토대와 시민사회(부르주아 사회)라는 인위적 토대가 없이는 존재할 수 없다. 양자는 국가의 필수 불가결의 조건이다. 그런데도 헤겔은 이 조건을 조건에 따른 결과로 파악하고, 무언가를 규정하는 것으로서의 조건을 마치 조건에 의해 규정된 것으로 파악하며, 생산하는 것(가족과 시민사회)을 마치 생산된 산물로 여긴다(S. 263 이하)." "(헤겔이) 출발점으로 삼는 사실은 사실 자체로 파악되지 않고 신비한 결과로 파악된다(S. 264)." "사물의 논리(마르크스)가 아니라 논리의 사물(헤겔)이 철학의 요소이다. (헤겔은) 국가를 증명하기 위해 논리를 이용하는 것이 아니라, 논리를 증명하기 위해 국가를 이용한다(S. 276)."[괄호의 내용은 지은이가 추가한 것임]

이렇게 볼 때만 마르크스가 (헤겔과 마찬가지로) 근대국가에서 인간의 해방을 완수한다는 눈앞의 과제에 대해 말한 내용을 이해할 수 있다. "모든 해방은 인간의 세계, 즉 인간의 관계를 인간 자신으로 소급시키는 것이다. 정치적 해방은 인간을 한편으로는 시민사회(부르주아 사회)의 구성원, 즉 이기적이고 독립된 개인으로, 다른 한편으로는 국민, 즉 도덕적 인격으로 소급시키는 것이다." 이로부터 마르크스는 장래의 '인간다운 사회'의 국가에 대해 다음과 같은 획기적인 결론을 도출한다. "현실의 개별적 인간이 추상적 국민을 자신 안으로 수용하고, 개별적 인간으로서 자신의 경험적 삶, 개인적 노동 그리고 개인적 관계에서 유적 존재가 될 때, 다시 말해 인간이 '자신의 힘'을 사회적 힘으로 인식하고 조직하며, 이로써 사회적 힘을 더 이상 정치적 힘의 형태로 자신과 분리하지 않을 때 비로소 인간의 해방이 완수된다."109

이처럼 '사회적 힘'과 '정치적 힘'을 분리하고, 이에 따라 인간을 '사적 인간'과 '공적 인간'110으로 분할하며, 인간의 삶을 '시민사회'에서의 '물질적'이고 '이기적'인 삶과 '국가영역'111에서의 '유적 삶'으로 분할하는 것은 주관적인 내면에서 사적인 심정과 국가의식이 분리되는 것에서 표현될 뿐만 아니라, 객관적인 외면에서 사적인 삶과 국가기관이 분리되는 것에서도 표현된다. 이렇게 되면 국가기관은 결국 정치적 힘의 형태로 사회적 힘과 완전히 분리되며, 국가 그 자체와 국가기관 그 자체, 즉 관료제라는 자기목적으로서 독자적인 삶을 수행하기

---

109 *Marx*, Zur Judenfrage, in: Frühe Schriften, Bd. I, Ausgabe Lieber, S. 479.
110 *Marx*, Zur Judenfrage, S. 463.
111 *Marx*, Zur Judenfrage, S. 461.

시작하고 만다.[112]

따라서 인간 자체가 국가와 사회로 분리되는 것을 지양하고 인간이 자기 자신으로부터 소외되는 것을 지양하기 위해서는 내면적으로 "현실의 개별적 인간이 추상적 국민을 자신 안으로 수용하는" 것이 필요하다. 더 나아가 이러한 지양은 외면적으로도 끊임없이 이루어져야 한다. 이를 위해서는 '사회적 힘'의 조직화가 필요하다. 과거에는 이러한 조직화가 출생과 소유를 기초로 신분계급(단체)을 통해 이루어졌지만, 봉건주의와 초기 자본주의의 모든 정치적 특권이 폐지된 이후에는 오로지 물질적 및 정신적 이익, 정치적 견해 그리고 도덕적 태도만을 기초로 이루어지고, 그 매개체는 정당이다. 즉 정당에서는 인간이라는 대상적인 유적 존재의 각각의 '부분'이 '관철'되고, 각각의 부분은 '정치적 힘'의 조직인 국가를 통해 적절하고 비례에 맞게 매개된다.[113]

---

112 *Marx*, Kritik des Hegelschen Staatsrechts, S. 314 이하. 마르크스는 그의 **관료제 이론**에서 관료제를 '**실천적 환상의 조직**' 또는 '국가의 환상'이라고 부른다(ebd., S. 315). 그 이유는 "진정한 국가목적이 … 관료제에서는 국가에 반하는 목적으로 여겨지기" 때문이라고 한다. 관료제에 관한 헤겔의 서술을 원용하면서 마르크스는 '관료제의 정신'을 '형식적 국가정신'이라고 부른다. "따라서 관료제는 '형식적 국가정신' 또는 국가의 진정한 무정신성(Geistlosigkeit; '아둔함')을 정언명령으로 삼는다. 관료제는 관료제 자체에서는 국가의 최종목적으로 여겨진다(ebd., S. 316)." 그 때문에 마르크스가 보기에 '진정한 국가'에서는 모든 시민이 "특수한 신분(국가기관에서 역할을 담당하는 공무원 신분)으로서의 보편적 신분에 봉사할 가능성"이 중요한 것이 아니라 "보편적 신분이 진정으로 보편적일 수 있는 능력, 즉 모든 시민의 신분이 될 능력"이 중요하다(ebd., S. 321).

113 인간이라는 대상적인 유적 존재의 특정한 '부분'을 대표하는 정당들을 통한 '사회적 힘'의 조직화는 단지 인간존재에 포함된 수많은 측면과 차원을 사회로부터 '정치적 힘'의 조직으로서의 국가로 매개하는 것만을 가능하도록 만든다. 인간이 대상적인 존재로서 기존의 **귀족주의적 체제**에서는 사적 인간으로서는 사회에 속하고 국민으로서는 국가에 속함으로써 인간존재 자체가 분리되었다면, 이제부터는 사회적 영역과 국가적 영역 모두에서 사회적 개별성을 지닌 인간 전체(즉 개별적이면서 동시에 사회적인 존재, 특수하면서 동시에 보편적인 존재, 개인적이면서 동시에 유적인 존재)를 표현하고 발산하게 만들어야 한다. 우리는

모든 '사회적 힘'을 정당이라는 매개체를 거쳐 국가의 영역으로 보편적이고 통합적으로 매개하며, 이로써 정치적 힘으로서의 사회적 조직을 수립하는 것은 마르크스의 이론에서도 더 이상 신분이나 소유라는 조건의 제약을 받지 않는 보편적 선거권을 전제한다.[114] 즉 정당이라는 연결고리를 거쳐 이루어지는 사회와 국가 사이의 지속적인 매개를 통해서만 "시민사회가 자신의 정치적 삶을 누릴 수 있다."[115]

민주주의 체제를 통해 이것이 가능해지도록 시도한다. 즉 민주주의 체제에서는 사회와 국가 사이의 끊임없는 지양이 보장된다. 이를 위해 의회에서는 조직화한 사회적 힘, 즉 정당이 각각의 정당에 속하는 의회의 분파를 거쳐 국가에서의 정치적 힘의 조직인 입법부로 매개되고, 입법부로부터 다시 최상위 행정부 및 최상위 사법부로 매개된다. 이런 의미에서 마르크스는 헤겔의 테제를 반박한다. 헤겔은 '시민사회의 사적인 상태'에서 이루어지는 입법적 활동은 '분리되지 않는 단순한 총체'로 여겨질 수 없고 '원자로 해체된 집합'으로 여겨질 수도 없으며 오히려 **"그 자체로 이미 있는 것**, 다시 말해 실체적 관계에 기초하고 특수한 욕구와 이 욕구를 매개하는 노동에 기초하는 상태로 구별된 것"으로 여겨질 수 있다고 한다. 이 테제를 반박하면서 마르크스는 이렇게 선언한다. "시민사회의 **사적 상태**가 그 자체로 이미 있는 것으로 여겨질 수는 없다. 이미 있는 것이란 도대체 무엇인가? **사적 상태**란 곧 국가에 반대되고 국가로부터 분리된 것이다. 오히려 '**정치적** 의미와 실효성'에 도달하기 위해 이미 있는 것으로서의 사적 상태는 포기되어야 한다. 이를 통해 비로소 사적 상태가 자신의 '정치적 의미와 실효성'을 획득하게 된다. 이러한 정치적 행위는 완벽한 변화이다. 즉 정치적 행위를 통해 시민사회는 사적 상태로서의 시민사회로부터 완전히 분리되어야 하고, 현실의 시민적 삶과 어떠한 공통성도 없고 오히려 시민적 삶에 정면으로 대치되는 존재의 한 부분이 관철되어야 한다(ebd., S. 357)."

114 그 때문에 보편선거권과 이를 통해 확보되는 '입법권에 대한 간접적인 보편적 참여'는 사회와 국가 사이의 지양이 이루어지기 위한 필수적 조건이다. 이 지양은 마르크스에서는 시민사회가 '정치적 삶'을 누리기 위한 행동이다. "시민사회(부르주아 사회)가 **대량으로** 그리고 가능하다면 시민사회 **전체**가 입법권에 침투하고, 현실의 시민사회가 가상의 시민사회를 대체해 입법권을 행사하고자 한다면, 이는 곧 시민사회가 스스로 **정치적 삶**을 누리거나 정치적 삶을 진정한 삶으로 만들고자 하는 노력이다. **시민사회**를 정치적 사회로 전환하거나 **정치적** 사회를 **진정한** 사회로 만들고자 하는 시민사회의 노력은 **입법권**에 최대한 **보편적**으로 참여하려는 노력에서 표출된다(ebd., S. 413 이하)."

115 사회를 단순히 이기적이고 사적인 인간 존재들의 집합으로서의 체계가 아니라 개인적 욕구의 상호적 충족과 개인적 능력의 발현이 조화를 이루는 가운데 인간

그러므로 단순히 소극적으로, 다시 말해 사회와 국가에서 인간의 자기소외를 폐기하는 것만이 아니라 적극적으로, 다시 말해 이성적인 국가에서 인간다운 사회 자체가 실현될 때만 마르크스가 말하는 진정한 민주주의가 성립한다.

마르크스가 보기에 모든 민주주의는 "인간으로부터 출발하고, 국가를 객관화한 인간으로 만든다."[116]

민주주의는 "사회화한 인간이고, 특수한 국가구조"이다.[117] 따라서 인간과 인간다운 사회에 관한 마르크스의 새로운 시각에서 볼 때 민주주의는 인간이라는 대상적인 유적 존재로부터 도출되는 '모든 국가구조의 본질' 자체이다.

그 때문에 마르크스는 민주주의를 다음과 같은 엄청난 말로 표현할 수 있었다. "민주주의는 여타의 모든 국가형태와 비교해 볼 때 국가형태의 구약이라 할 수 있다. 즉 인간이 율법 때문에 있는 것이 아니라 율법이 인간 때문에 있고, 율법이 곧 인간의 삶이다. 이에 반해 민주주의 이외의

의 대상적인 유적 존재가 매개되는 체계로 파악한다면, '시민사회(부르주아 사회)'라는 영역은 **사회적 영역**이자 인간의 사회적 개별성에 따른 **커뮤니케이션의 체계**이고, 동시에 국가는 사회적 개별성을 지닌 이 인간존재의 **정치적 영역**이자 **조직의 체계**이다. 그렇다면 사회와 국가 사이의 매개라는 마르크스의 요구는 곧 **사회적 개인으로서의 인간의 대상적 존재**에 따른 '사회적 힘'을 상호적으로 **매개**해 정치적 힘으로 전환하고, 동시에 이 정치적 힘을 다시 사회적 힘으로 매개한다는 뜻이다. 따라서 단일정당이 아니라 다수의 정당만이 이 과제를 수행할 수 있다. 그래야만 인간의 대상적인 유적 존재가 지닌 모든 다원적이고 이질적인 측면과 차원, 즉 보수적, 진보적, 자유주의적 및 사회주의적 측면과 차원을 사회적 힘으로부터 정치적 힘으로 전환해 끊임없이 사회적 영역을 국가적 영역으로 매개할 수 있다. 다수의 정당을 통해 비로소 사회와 국가는 단순히 부분적으로가 아니라 보편적으로, 다시 말해 사회적 개별성의 모든 근원적 측면과 차원에서 지속적으로 서로 지향하는 관계를 맺게 된다.

116 *Marx*, ebd., S. 293.
117 *Marx*, ebd., S. 293.

국가형태에서는 인간이 곧 율법적 삶이다. 바로 이 점이 민주주의가 다른 국가형태와 구별되는 근원적 차이이다."[118]

따라서 입헌 민주주의에서는 헌법 역시 더 이상 사회적으로 조직된 현실의 인간과는 무관한 정치권력의 표현이 아니다. 헌법은 바로 인간 관계의 사회적 현실 자체에 대한 정치적 조직이고, 따라서 '국민의 자기결정'의 표현이자 도구이다. 다시 말해 헌법은 인간이 자기 자신을 통해 자기 자신에 대해 행사하는 자기지배의 표현이자 도구이다.[119]

이처럼 "모든 헌법의 수수께끼를 풀어낸", 진정한 민주주의로 조직된 이러한 국가에서 처음으로 "형식적 원칙이 동시에 실질적 원칙이 된다." 따라서 이 국가는 처음으로 "보편과 특수 사이의 진정한 통합",[120] 즉 '유적인 삶'과 '이기적인 삶'의 진정한 통합에 도달할 뿐만 아니라 인간 자체가 순전히 유적 생존의 장소로 조직된 국가(또는 독립된 국가기관의 독자적 존립을 위한 관료제)와 순전히 사적 생존의 장소로 전락한 사

---

118 *Marx*, ebd., S. 293.
119 따라서 마르크스는 근대 민주주의 체제에서 헌법을 통해 조직된 입헌 민주주의를 당시의 귀족주의 체계의 입헌 군주주의와 엄격히 구별한다. "군주정에서 전체, 즉 국민은 국민의 존재 방식 가운데 하나인 정치적 헌법에 포함된다. 이에 반해 민주주의에서 **헌법 자체**는 단지 국민에 대한 **한 가지** 규정일 뿐이고, 더욱이 국민의 자기규정이다. 군주주의에서 국민은 헌법의 국민이지만, 민주주의에서 헌법은 국민의 헌법이다. 민주주의는 헌법의 모든 수수께끼를 풀어낸 해답이다. 민주주의에서 헌법은 **그 자체**, 즉 그 본질에 비추어 볼 때뿐만 아니라 그 **실존**, 즉 그 현실에 비추어 볼 때도 **현실의 인간, 현실의 국민**을 현실적 근거로 삼게 되며, 헌법은 국민 **자신의** 작품으로 제정된다. 이 점에서 헌법은 헌법 그 자신의 모습으로 등장하고, 인간의 자유로운 산물로 등장한다. 아마도 이와 같은 사실은 입헌 군주주의에도 어느 정도 해당한다고 말할지도 모른다. 그러나 입헌 군주주의와 민주주의의 특수한 차이는 민주주의에서는 **헌법** 자체가 단지 국민의 삶의 한 가지 요소일 뿐이라는 사실이다. 다시 말해 **정치적 헌법** 그 자체만으로 국가를 형성하는 것은 아니라는 사실이다(ebd., S. 292 이하)."
120 *Marx*, ebd., S. 293.

회로 분리되는 현상을 지양할 수도 있게 된다.

　그러므로 오늘날의 마르크스-레닌주의의 핵심적인 물음, 즉 마르크스의 사상에 따라 이와 같은 진정한 민주주의라는 새로운 국가에서는 국가가 얼마만큼 '정치적 성격'을 상실하고, '정치권력'으로서의 국가가 과연 사라질 것인가라는 물음을 다시 음미해보면, 우리는 서두에서 설명한 천박한 마르크스주의의 전통에서 말하는 '국가의 사멸'과는 완전히 다르게 대답하지 않을 수 없다.

　이처럼 '인간다운 사회'의 '진정한 민주주의'를 통해 인간이 국가와 사회로 분리되는 현상을 지양하는 데 성공한 이후 국가가 겪게 되는 정치적 변화에 관한 마르크스의 새로운 이해의 핵심은 마르크스 자신이 분명하게 밝히고 있다. 그런데도 법과 국가에 관한 청년 마르크스의 사상에서 등장하는 이 명명백백한 언급을 제쳐두고 훗날 '국가의 사멸'이나 '법의 사멸'과 같이 피상적이고 천박한 견해를 마치 마르크스의 이론인 양 주장하는 것은 도저히 이해할 수 없다. 마르크스 자신은 헤겔을 원용하면서 분명히 다음과 같이 확인하고 있다. "민주주의에서 국가는 특수로서 단지 특수일 뿐이고, 보편으로서 현실의 보편일 뿐이다. 즉 이 국가는 다른 내용과는 달리 어떠한 규정성도 없다." 뒤이어 마르크스는 이렇게 말한다. "이 점을 최근의 프랑스인들은 진정한 민주주의에서 정치적 국가는 멸망한다는 식으로 이해한다. 이러한 이해는 정치적 국가가 정치적 국가, 즉 헌법만으로는 더 이상 전체에 대해 효력을 갖지 않는다는 점에서는 옳다."

　"민주주의와 구별되는 다른 모든 국가에서는 국가, 법률, 헌법은 지배자이지만, 진정으로 지배하지는 못한다. 다시 말해 다른 정치적이지 않은 영역의 내용에까지 침투하지 못한다. 그러나 민주주의에서는 **헌법, 법률, 국가** 자체가 전적으로 **국민**의 **자기규정**이고, 국가가 정치적 헌법인 이상 국가는 곧 국민에 의해 규정된 내용이다.”

“더 나아가 **모든 국가형태**가 민주주의를 자신들의 진리로 삼고 있으며, 따라서 국가형태가 민주주의가 아니면 그러한 국가형태는 진리가 아니라는 점은 자명한 일이다.”[121]

헌법, 법률, 국가가 ‘사회적 힘’으로부터 분리된 ‘정치적 힘’이 아니라 그 자체 이성적인 국가에서 인간다운 사회의 정치적 조직에 대한 법적 구성일 따름이고, 헌법, 법률, 국가가 더 이상 계급지배와 계급투쟁의 표현과 도구가 아니라 국민의 자기지배, 즉 계급 없는 사회에서의 ‘현실적 인간’의 자기입법, 자기행정, 자기사법의 표현과 도구라면 헌법의 제정과 헌법의 관철은 결코 영구불변의 제정과 관철이 될 수 없다.

그 이유는 이렇다. ‘사회’는 정지상태에 있는 것이 아니다. 설령 계급이 없는 인간다운 사회일지라도 사회는 사회적 존재와 의식에 대한 끝없는 사회비판적 및 이데올로기비판적 혁신과 수정을 요구하고, 이를 통해 최대한의 그리고 평등한 개인적 자유와 안전과 최대한의 그리고 평등한 사회적 복리와 평등을 향해 나아가야 한다. 그렇다면 헌법 역시 ‘이성적 의지의 근본적 규정’을 담고 있어야 하고, 이러한 규정은 ‘정치적 신념’으로서 ‘이성적 국가조직’의 토대를 형성해야 한다. 더 나아가 헌법은 국가가 목표로 삼는 방향을 향한 **진보**를 ‘**헌법의 원칙**’으로 삼아야 한다.[122] 그럴 때만 비로소 헌법이 단순히 ‘허구적 가

---

121 *Marx*, ebd., S. 294.
122 헌법을 ‘이성적 국가조직’으로 파악할 때 마르크스가 이성법적 표현을 동원한다는 사실은 상당히 주목할 가치가 있다(법률의 제정과 관련해서도 사물의 본성이

상으로서 폭력적으로 파괴될 대상이 되는' 것을 막을 수 있고, 그럴
때만 비로소 인간이 — 마르크스가 말하듯이 — "분명한 의식이 없이
사물의 본성에 따라 당연히 해야 할 일을 분명한 의식을 갖고 행하게
된다."[123]

만일 우리가 이러한 전제에 따라 '이성적인 국가조직'의 범위 내에
서 '헌법의 운동', 즉 '진보를 헌법의 원칙'으로 만든다면, 결국에는
"헌법의 진정한 담당자인 국민이 헌법의 원칙"이 된다.[124]

따라서 각 개인의 물질적 및 비물질적 욕구를 더 많이 충족하고 각
개인의 육체적 및 정신적 능력을 더 높게 발현하는 방향으로 끝없이
진보하게 만드는 계기와 충동은 인간의 '새로운 욕구'와 사회에서 이 욕
구를 충족할 가능성이 성립하고 동시에 인간의 새로운 능력과 사회에서
이 능력을 발현할 가능성을 발견한다는 사실에서 비롯된다. 즉 사회적
발전의 진보는 곧 개인의 욕구충족과 능력발현의 진보를 계기와 충동으
로 삼는다.[125]

라는 사고를 펼치는 것 역시 같은 맥락에 해당한다). "헌법을 보편적 규정, 즉 **이
성적 의지의 근본적 규정**으로 이해했다면, 모든 국민(국가)이 **이러한 헌법을 자
신의 전제로 삼고** 헌법을 국민의 정치적 **신념으로 형성해야 한다**는 것은 당연한
일이다. **국민의 의지는 개인적 의지와 마찬가지로 이성법칙의 한계를 뛰어넘을
수 없다.** 따라서 비이성적인 국민이 이성적인 국가조직을 갖는 것은 불가능하
다(ebd., S. 331 — 강조는 지은이)." 그 때문에 뒤이어 곧장 이렇게 말한다. "입법
권이 법률을 만드는 것이 아니라 단지 법률을 발견해 이를 문자로 표현할 따름
이다."

123 *Marx*, ebd., S. 329.
124 *Marx*, ebd., S. 294. 이에 관해 마르크스는 "그렇다면 진보 자체가 곧 헌법이다"라
고 말한다.
125 인간의 새로운 욕구의 성립과 인간의 새로운 능력의 발견으로부터 등장하는 이
러한 변증법은 기존의 지배적인 사회적 존재 및 의식에 반하는 끝없는 모순과 대
립을 겪지 않을 수 없고, 설령 계급 없는 사회일지라도 이 변증법은 정지상태에
빠지지 않는다. 즉 (그것이 개인에 의해서든 사회나 국가에 의해서든) 인간의 인

그렇다면 이 사회적 발전의 지속적 과정이 어떻게 시작되고 어떻게 유지되어야 하는가? 사회에 사는 현실적인 인간의 현실적인 삶이 사회적 관계와 국가의 헌법을 끊임없이 새롭고 혁신적으로 매개해야 하는 국가기관의 관료제와 정당의 관료제로 인해 소외될 위험은 없는 것일까?[126]

즉—마르크스의 표현방식을 따른다면—우리가 '진보를 헌법의 원칙'으로 만들고 국민을 '헌법의 진정한 담당자'로 만든다면 국가에서 자기 자신을 지배하는 국민과 사회에서 자기 자신을 표현하는 국민이 그 본질과 의욕의 측면에서 계속해서 서로 결합하고 화합하며, 이렇게 해서 인간이 국가와 사회로 자기분열과 자기소외를 겪을 위험을

간에 대한 착취와 예속의 정치적 및 사회적 관계 전체를 폐기함으로써 사회적 및 정치적 대립으로서의 계급과 인종의 모든 대립을 근원적으로 폐기해 모든 적대적 모순을 폐기하더라도 인간 사이의 비적대적 모순 자체는 계속 남아 있다. 이 비적대적 모순은 계급 대립을 폐기해 파괴적이고 반동적인 퇴보세력이 사라진 이후에 비로소 인간의 진보를 위한 생산적인 힘으로 자유롭게 발산된다.

126 자본주의 체제의 고유한 법칙성을 분석함으로써 혁명이론을 펼친『자본』훨씬 이전에 이미 마르크스는 **정치적 혁명에 관한 이론**의 실마리를 여기서 끄집어내고 있다. 즉 기존의 불평등세계, 다시 말해 귀족주의의 동물 세계에서 자행되는 비인간적인 착취라는 끔찍한 모순으로부터 사고하고 고통받는 인간의 의식이 깨어나 미래의 평등세계를 향한 정치적 혁명을 통해 '민주주의라는 인간 세계'가 등장하게 된다고 한다. 이와 관련해 마르크스는 1843년 5월에 루게에게 보낸 편지에서 다음과 같이 분명하게 밝히고 있다. "인간의 소득과 거래, 인간의 소유와 착취의 체계는 인구증가보다 훨씬 더 빠르게 현재 사회의 단절을 불러일으킨다. 이 단절을 구체제는 결코 치유할 수 없다. 왜냐하면 구체제는 치유하고 창조하는 것이 아니라, 그저 존재하고 향유할 따름이기 때문이다. 사고하면서 고통받는 인간존재, 억압받으면서 사고하는 인간존재는 필연적으로 소극적이고 아무 생각 없이 향유하기만 하는 동물 세계의 이기주의로서는 향유할 수 없고 소화할 수 없는 것이다.
  이제 우리가 구세계의 진상을 백일하에 공개해야 하고 새로운 세계를 적극적으로 형성해야 할 때다. 사건들이 사고하는 인간에게 더 많은 성찰의 시간을 허용하고 고통받는 인간에게 서로 결집할 시간을 더 많이 허용할수록 현재가 잉태하고 있는 산물이 더욱더 완벽하게 세계에 모습을 드러낸다."

예방하도록 어떻게 보장할 수 있단 말인가?

사회와 국가 사이를 끊임없이 매개하고 지양하라는 요구를 충족하기 위해서는 분명 '사회적 힘'의 의지를 커뮤니케이션과 매개를 거쳐 '정치적 힘'으로 전환하는 것이 필요하다. 오늘날 우리의 입헌 민주주의 의회제도에서 정당의 사회적-정치적 기능은 이러한 전환에 있다. 마르크스 역시 이 기능에 대해 문자 그대로 "정당이 없이는 발전이란 없으며, 분할이 없이는 진보도 없다(Ohne Parteien keine Entwicklung, ohne Scheidung kein Fortschritt)"라고 말한다.[127] 그러나 이러한 전환만으로는 충분하지 않고, 여기서 한 걸음 더 나아가 끊임없는 커뮤니케이션과 매개를 거쳐 사회적 영역의 지식을 정치적 영역으로 전환하는 것과 역으로 정치적 영역의 지식을 사회적 영역으로 전환하는 것도 필요하다. 이러한 전환은 진정한 민주주의에서 자유 언론이 지닌 사회적-정치적 기능을 통해서만 보장될 수 있다.

진정한 민주주의에서 자유 언론이 지닌 중요성을 강조하기 위해 마르크스를 원용하는 것이 과연 타당할까? 오늘날 마르크스-레닌주의의 이론과 실천에서 사회주의적 민주주의는 언론의 자유를 인정하지

---

127 *Marx*, Der leitende Artikel der Kölnischen Zeitung, ebd., S. 197. 이 측면에서 보면 우리의 입헌 민주주의에서 제도화된 의회주의 체제를 새롭게 고찰할 수 있다. 의회주의는 사회와 국가 사이를 매개하고 지양하는 세 가지 방식 가운데 하나이다. 즉 행정에 대한 **의회의 통제**는 의회에서 정당을 통해 대표되는 '사회적 힘'을 통해 '정치적 힘(권력)'을 통제하는 것이다. 나머지 두 가지 방식은 입법과 행정에 대한 **사법적 통제**와 입법, 사법, 행정에 대한 **언론의 통제**이다. 이 세 가지 방식의 '통제' 또는 — 더 정확히는 — 사회적 힘의 지식과 의지를 커뮤니케이션과 매개를 거쳐 정치적 힘으로 전환하고, 역으로 정치적 지식과 의지를 사회적 힘으로 전환하는 것은 궁극적으로 사회적 영역과 국가적 영역 사이의 지속적인 매개와 전달을 담당하는 공적 매체(언론)가 지닌 사회적-정치적 기능이다. 이 점에서 공적 매체는 마르크스가 요구하는 사회와 국가 사이의 끊임없는 지양을 위한 매체인 셈이다.

않는데도 말이다. 사회주의적 민주주의는 오히려 국가의 검열을 중시하고 검열을 요구해야 마땅하지 않을까?

그렇다면 절대적 민주주의에 기초한 반자유적 사회주의의 실천[128]은 청년 마르크스가 자신의 물질주의 철학으로부터 발전시킨 사회주의 이론에 따른 결론이라고 주장할 권리가 없다. 이와 정반대로 마르크스의 철학에는 입헌 민주주의에 기초한 자유로운 사회주의라는 구체적이고 생산적 유토피아를 예견하고 있고, 이러한 민주주의에서는 자유 언론도 모든 진정한 민주주의에 필수 불가결한 사회적-정치적 기능이 있다고 해석해야 한다. 비록 온전한 민주주의에 기초한 진정한 사회주의에 부합하는 '인간다운 사회'의 형태에 관한 마르크스의 천재적인 사고[129]가 오늘날 동구에서든 서구에서든 이미 상실과 망각에 빠진 것처럼 보일지라도 이 점은 결코 부정할 수 없다.

---

128 헤겔은 이미 구체제의 절대 군주주의가 입헌 군주주의로 전환되는 근대뿐만 아니라, 프랑스 혁명의 절대 민주주의에 따른 무제한적 다수 지배가 헌법국가를 통한 입헌 민주주의로 전환된 우리 시대도 이론적으로 예감했다. 이에 관해서는 *Maihofer*, Hegels Prinzip des modernen Staates, S. 271 이하 참고.

129 이에 관해서는 *Maihofer*, Ernst Blochs Evolution des Marxismus, in: Über Ernst Bloch, 1968, S. 126 참고.

결론

진정한 민주주의에서 자유 언론

진정한 민주주의에서 자유 언론이 수행하는 사회적-정치적 기능은 언론과 언론의 자유에 관해 한동안 저널리스트로 활동했던 헤겔을 포함해 다른 모든 철학자나 정치이론가보다 훨씬 더 잘 알고 있었던 저널리스트 마르크스에게는 단순히 미래의 '인간다운 사회'의 형태가 철저히 '자유의 왕국'이라는 면모를 지닌다는 근본적인 정당화 차원에 해당하는 문제가 아니라 모든 진정한 민주주의에서 **자유 언론이 수행하는 근본적인 기능**에 관련된 문제였다. 즉 마르크스에게 자유 언론은 정치적 정보와 자극을 사회적 영역과 정치적 영역 사이에서 커뮤니케이션하고 매개하도록 보장하는 공적 매체를 의미했다. 이러한 매체를 통해 수행되는, 두 영역 사이의 매개와 전환이 없이는 **사회와 국가 사이의 끊임없는 지양**이라는 요구가 충족될 수 없고, 이에 따라 사회 속에서 표현되는 **국민이 국가를 통해 조직된 국민과 일상적으로 대면하는 일**이 가능해질 수 없다. 양자 사이의 이러한 일상적 대면은 다시 **국민이 자기 자신을 끊임없이 통제**하기 위한 필수적 전제조건이고, 민주주의가 없이는, 즉 사회와 국가에서 이루어지는 인간의 **자기지배**가 없이는 보장될 수 없고 조직될 수 없다.

이 점에서 마르크스가 철학적 물질주의와 정치적 사회주의를 향해

돌진하는 사상가이긴 했지만 모든 국가활동의 중심이 되는 주권적 개
인의 자유를 모든 진정한 민주주의 국가의 최상위 전제조건으로 파악한
것은 조금도 놀라운 일이 아니다. 이 맥락에서 마르크스는 1843년에
루게에게 보낸 편지에서 자신의 동시대인들에 대해 이렇게 말한다.
"인간의 자기감정, 즉 자유는 이 인간의 가슴 속에서 비로소 다시 깨
어나야 할 것이다. 그리스인들에 의해 세계에서 사라지고 기독교에
의해 천상의 푸른 연기로 사라져버린 이 감정만이 사회를 인간 공동
체의 최고목적인 민주주의 국가로 만들 수 있다."[130]

훗날 마르크스주의는 헤겔을 완전히 잘못 이해하는 가운데 인간의
자유의 본질을 단순히 필연성을 향한 자유로 해석한다. 그러나 이러
한 해석과는 정반대로 마르크스는 단순한 동물적 자유와 구별되는 인
간의 자유에 대해 이렇게 말한다. "내가 어떠한 삶을 사는가뿐만 아니
라 어떻게 사는가도 자유에 속한다. 즉 내가 자유로운 것을 행하는 것
만이 아니라 자유롭게 행하는 것 역시 자유에 속한다. 그렇지 않다면
건축가와 비버를 도대체 어떻게 구별하겠는가? 비버는 가죽이 있는
건축가이고 건축가는 가죽이 없는 비버라고 말할 셈인가?"[131]

라인 주의회에서 진행된 언론 자유에 대한 토의를 이데올로기비판
적으로 분석[132]할 때도 마르크스는 인간의 부자유에 관해 그 당시든

---

130 *Marx*, Brief an Arnold Ruge vom Mai 1843, in: Frühe Schriften, Ausgabe Lieber, Bd. I, S. 433.
131 *Marx*, Debatten über Pressefreiheit, in: Frühe Schriften, Ausgabe Lieber, Bd. I, S. 154.
132 산림절도법에 관한 주의회 토의에 대한 사회비판적 및 이데올로기비판적 분석
과는 달리 언론 자유에 대한 비판에서는 특히 봉건주의 말기의 '지주계급' 회의
에서 언론의 자유와 검열법에 대한 찬반 논거를 주고받으며 논쟁하는 신분계급
의 이데올로기적 입장을 이데올로기비판적으로 분석하는 데 초점을 맞추고 있

오늘날에든 놀랍게 여겨질 말을 쏟아내고 있다. "모든 존재가 봉착하는 치명적인 위험은 자기 자신을 상실할 위험이다. 따라서 부자유는 인간이 죽음에 봉착할 근원적 위험이다."[133]

따라서 '민주주의라는 새로운 인간 세계', 즉 자유의 인간왕국[134]에서는 예전의 봉건주의적(그리고 초기 자본주의적) 동물의 세계인 군주정(귀족정)과 부자유의 동물의 왕국과는 달리 국가의 법률도 부자유의 법률이 아니라 자유의 법률이다.[135] 그 때문에 마르크스는 홉스에서 칸

다. 이에 대해 마르크스 자신은 이렇게 말한다. "토의는 영주들이 자유 언론을 반대하고, 기사계급이 자유 언론에 반대하며, 도시의 신분계급이 자유 언론에 반대한다는 것을 보여주고 있다. 따라서 **개인**이 반론을 제기하는 것이 아니라 **신분계급**이 반론을 제기한다. 이처럼 주의회의 내재적 성격을 언론 자유에 관한 토의만큼 정확히 반영하는 토의가 어디 있겠는가?(ebd., S. 117 이하)" 훗날 마르크스가 이 주의회에 등장하는 신분계급 대표자들이 쓰고 있던 가면을 벗겨 '폭로'한 내용은 독창적인 의미의 법사회학이다. 법적 '확신'이 사회적 조건에 좌우된다는 사실을 명확하게 밝히고 있을 뿐만 아니라, 이러한 이데올로기적 제약을 기초로 제정된 법적 규율 역시 사회적 조건에 좌우된다는 점을 밝히고 있기 때문이다.

133 *Marx*, ebd., S. 151(강조는 지은이).

134 '정신적 동물의 왕국'에 관한 헤겔의 이론을 원용하면서 마르크스도 그 당시의 후기 봉건주의를 동물의 세계라고 말하면서, 봉건주의는 "동물적인 법인 부자유(그리고 불평등)의 현존"일 따름이라고 한다. 왜냐하면 '부자유의 세계상태'는 '부자유(불평등)의 법'까지 요구하기 때문이라고 한다. 이에 반해 '민주주의라는 인간 세계'에서는 자유의 세계상태가 곧 자유와 평등의 법을 요구한다고 한다.

135 마르크스에서는 **국가의 법률** 역시 부자유를 위해 인간에게 부과되는 법률이 아니다. 인간의 "현실적 행위는 이미 인간이 자유의 자연법칙에 복종하지 않는다"는 점을 보여준다. 따라서 인간은 국가법률을 통해 자유로운 존재가 되도록 강제될 따름이다. 즉 '자유의 삶' 속에서 '자유의 자연법칙'에 복종하도록 강제된다. 이렇게 볼 때만 마르크스가 언론 자유에 관한 토의를 분석하면서 말한 다음의 내용을 이해할 수 있다. "법률이 **진정한 법률**, 즉 **자유의 현존**인 곳에서는 법률이 **인간의 진정한 자유의 현존**이 된다. 즉 법률은 인간의 행위에 앞설 수 없다. 왜냐하면 법률은 **인간의 행위 자체의 내재적 삶의 법칙**이고 **인간의 삶을 의식적으로 반영**한 것이기 때문이다. 따라서 **법률은 자유의 삶으로서의 인간의 삶 앞에서는 뒷전으로 물러나며 인간의 현실적 행위가 더 이상 자유의 자연법칙에 복종하지 않는다**는 점을 보여줄 때 비로소 **국가법률로서의 법률**이 **자유로운 존재**가 되도록 강제하게 된다. 이는 마치 나의 삶이 더 이상 물리법칙에 따른 삶이 아니고 병이

트에 이르는 자유 법치국가의 민주주의 전통과 마찬가지로 **법전**을 '한 국민의 자유의 성경(Freiheitsbibel eines Volkes)'이라고 부른다.[136]

'인간의 삶'을 '인간다운 사회에서의 자유의 삶'으로 파악하는 이 러한 견해만으로도 이미 — 마르크스의 이해(이는 마르크스주의적 이해 와는 다르다)에 따르면 — 미래의 민주주의적 인간 세계에서는 언론의 **자유 역시 공적 자유**, 다시 말해 모든 **국가활동**(입법, 사법, 행정)에 대한 **공개적인 비판과 끊임없는 통제**를 위한 사회적 및 정치적 제도로 법을 통해 보장되어야 한다는 결론이 도출된다.

언론의 자유 역시 자유이고, 따라서 이 자유는 '특정한 영역의 자유', 즉 '특정한 삶의 방식'의 자유로서 '자유의 왕국'과 '민주주의라는 인 간 세계'에서 사회적 및 국가적 영역 안에 있는 자유의 한 부분이고 또 한 한 부분이어야 한다는 점에서 **근원적 정당성**을 갖는다. 따라서 — 마르크스 자신이 지적하고 있듯이 — 언론의 자유가 그저 "**자유의 특 수한 현존에 불과하다**거나 단순히 **특수한 문제에 불과하다**"라는 생각 은 완전히 잘못된 생각이다. 오히려 언론의 자유는 '특수한 영역에 있 는' 보편적 자유의 문제이다. "**자유는 자유이고, 단지 이 자유가 인쇄 물이나 토지 또는 양심이나 정치집회에서 표현될 따름이다.**"[137]

들었을 때 비로소 물리법칙이 나오는 다른 타자로 등장하게 되는 것과 같은 이치 이다(ebd., S. 149 — 강조표시는 지은이)."

136 *Marx*, ebd., S. 148. "중력의 법칙은 운동을 억압하는 조치가 아니다. 왜냐하면 중 력의 법칙은 만유인력의 법칙으로서 세계의 끝없는 운동을 가능하게 만들지만, 내가 이 법칙을 위반해 허공에서 춤을 추려고 하면 낙하법칙으로서 나를 땅으로 떨어뜨리기 때문이다. 이와 마찬가지로 법률 역시 자유를 억압하는 조치가 아니 다. 법률은 오히려 적극적이고 선명하며 보편적인 규범이다. 이러한 규범 속에 서 자유는 비개인적이고 이론적이며 동시에 개인의 자의로부터 독립된 존재를 획득하게 된다. 그 때문에 법전은 국민의 자유의 성경이다."

137 이에 관해서는 *Marx*, ebd., S. 163, 172 참고(강조는 지은이).

　이처럼 마르크스는 인간에게 '자유의 삶'을 보장하는 유일한 길인 인간답고 자유로운 사회에서 '인간의 삶'의 자연법칙이라는 토대로서의 자유를 기초로 언론의 자유를 근원적으로 정당화한다. 하지만 마르크스는 이러한 근원적 정당화와는 별개로 언론의 자유를 기능적으로 정당화하기도 한다. 그가 보기에 언론의 기능은 한 국민의 자기성찰과 '자기통찰'을 반영하는 것일 뿐만 아니라 사적인 견해를 '국가의 정신'으로 끊임없이 매개하고 전환하며 역으로 국가의 정신을 사적인 견해로 끊임없이 매개하고 전달하는 것이기도 하다. 이를 통해 언론은 사회와 국가에서 자기 자신을 실현하는 국민이 자기 자신과 대면하고 자기 자신을 통제한다는 진정한 기능을 담당하고, 이로써 궁극적으로는 — 마르크스가 요구하는 — 진정한 입헌 민주주의에서 사회와 국가 사이의 지양을 가능하게 만드는 일이다.

　공적 매체의 사회적-정치적 기능의 측면에서 언론을 바라보는 이러한 새로운 이해는 그 당시의 독특한 언어사용 방식으로 인해 상당히 생소하게 들릴지라도 마르크스가 자유 언론에 관해 말한 다음과 같은 표현의 배후에 분명하게 자리 잡고 있다. "자유 언론은 국민의 정신이 어느 곳에서나 깨어 있음을 보여주는 눈이고, 국민이 자기 자신을 신뢰한다는 사실의 구체적 표현이며, 개인을 국가와 세계에 연결하는 끈이고, 물질적 투쟁을 정신적 투쟁으로 승화하고 물질적 투쟁의 거친 소재적 형태를 이상화하는 문화의 구현이다. 자유 언론은 한 국민이 자기 자신 앞에서 조금의 주저함도 없이 펼치는 고해성사이다. 잘 알려져 있듯이 고해성사는 해방감을 자아낸다. 언론의 자유는 한 국민이 자기 자신을 바라보는 정신적 거울이고, 자기성찰은 현명함을 위한 첫 번째 조건이

다. 자유 언론은 **집집마다 배포되는 국가정신이다** … 자유 언론은 전면
적이고 편재적이며 전지적이다. 자유 언론은 현실의 세계에서 용솟음
치는 이상적 세계이고, 갈수록 더 풍부해지는 정신으로서 현실의 세
계에 늘 새롭게 영혼을 불어넣는다."[138]

이렇게 볼 때 마르크스가 생각하는 자유 언론은 진정한 민주주의에
서 그 자체 이미 국가적 기능을 갖는 것도 아니고 그렇다고 사회적 기
능을 갖는 것도 아니다. 오히려 **자유 언론은 엄격한 의미에서 정치적 기
능을 갖는다**.[139] 오지로 이 정치적 기능을 고려할 때만 저널리스트이
고 동시에 물질주의 철학자이자 사회주의 이론가인 마르크스가 왜 언
론법(Pressegesetz)에 찬성하고 **검열법**(Zensurgesetz)에 반대했는지
를 이해할 수 있다. 마르크스는 그가 살던 입헌 군주주의 시대에 이미
모든 언론검열의 폐지와 언론법의 제정을 요구하면서, 그 근거는 "언
론의 자유를 법률로 인정하는" 언론법이 곧 "자유의 구체적 현존이기
때문"[140]이라고 한다. 이 점에서 마르크스는 언론법이냐 아니면 검열
법이냐는 대안을 둘러싼 라인 주의회의 토의에 대해 다음과 같이 말
한다. "언론법에서는 자유가 처벌한다. 검열법에서는 자유가 처벌된
다. 검열법은 자유를 부정하는 의심의 법이다. 언론법은 자유가 자기
자신에게 부여하는 신뢰의 표결이다. 언론법은 자유의 남용을 처벌한
다. 검열법은 자유를 남용으로 처벌한다."[141]

---

138 *Marx*, ebd., S. 152(강조는 지은이).
139 엄밀히 보면 **정당**의 공적 **기능**에서도 이미 드러나듯이 **언론**의 공적 **기능**에 관해
　　서도 사회적-정치적 기능이 아니라 사회적-국가적 기능이라고 말해야 한다. 하
　　지만 '정치적'이라는 표현을 둘러싼 언어사용이 지금까지 확실하지 않기 때문에
　　일단 정치적 기능이라고 부르기로 한다.
140 *Marx*, ebd., S. 149.
141 *Marx*, ebd., S. 147 이하. 그 때문에 마르크스는 다른 곳에서 이렇게 극단적으로 말

언론에 대한 국가의 모든 검열을 부정하는 마르크스의 예리한 태도
는 마르크스주의자든 마르크스주의자가 아니든 망각에서 벗어나게
해야 할 가치가 있다. 정치철학이나 정치이론에서 형식의 선명성과
내용의 통찰력 측면에서 이와 견줄 정도로 자유 언론을 옹호하는 경
우를 찾아볼 수 없기 때문이다. 선험적 '공공성 원칙'으로부터 '펜의
자유(Freiheit der Feder)', 즉 언론의 자유를 정당화한 칸트 — 칸트는
마르크스의 위대한 이론적 적대자이다 — 이론[142]조차도 언론의 자유
에 관한 마르크스의 사고에 범접할 수 없다.

진정한 민주주의에서 자유 언론이 수행하는 이러한 정치적 기능에 대
한 새로운 견해로부터 마르크스는 귀족주의 체제에서 국가의 검열을
받는 부자유한 언론에 대해 그가 살던 당시의 군주정과 오늘날의 '일
당 지배'에 똑같이 적용될 수 있는 다음과 같은 말을 남겨 놓았다.
"언론 자유 자체의 본질에 기초한 진정한 검열은 비판이다. 비판은
비판 자신이 만들어놓은 법정이다. 검열은 정부의 독점으로서의 비
판이다. 그러나 비판이 공개적이 아니라 비밀리에 이루어지고, 이론
적이 아니라 실천적으로 행해지며 정당을 초월하지 않고 비판 자신

하기도 한다. "자유 언론의 존재는 자유의 성격이 가장 뚜렷하게 표출되는, 이성
적이고 윤리적인 존재이다. 검열을 받는 언론의 성격은 부자유라는 비존재이고,
이런 언론은 문명화된 괴물이자, 향수를 뿌린 미숙아일 따름이다(ebd., S. 143)."

142 이에 관해서는 Kant, Anhang zum ewigen Frieden, in: Schriften zur Anthropologie,
Geschichtsphilosophie, Politik und Pädagogik, Werke in sieben Bänden, Bd. VI.,
Ausgabe Weischedel 1964, S. 228 이하, 특히 244 이하 참고. 선험적 '공공성 원칙'
으로부터 자유 언론을 정당화하는 칸트의 이론은 실질적으로 볼 때 진정한 민주
주의에서의 자유 언론에 관한 기능적 이론인 마르크스의 이론과는 모순되면서
도 서로 일치한다는 기이한 결론에 도달한다. 즉 칸트의 이론에서도 민주적 비판
과 국가권력 담당자의 모든 국가활동에 대한 통제 — 언론매체를 통해 표출되
든, 국민의 '동의 또는 거부'에 국가권력 담당자가 직면함으로써 이루어지는 통
제 — 라는 자유 언론의 정치적 기능으로부터 자유 언론을 정당화한다.

이 정당이 되며, 비판이 이성의 날카로운 칼날이 아니라 자의의 무딘 가위로 행해지고, 비판이 그저 비판만 할 뿐 비판을 감당하지 않고자 하면, 비판이 한 개인을 보편적 지성으로 선언하거나 권력의 언어를 이성의 언어로 포장하며, 잉크 자국을 태양의 자국으로, 검열관이 그 어댄 것을 수학이론으로, 단순한 가격을 딱 맞는 논거로 만들어 비판이 자기 자신을 부정해 무비판적이 되면 비판은 합리적 성격을 상실하지 않겠는가?"[143]

그 때문에 마르크스는 언론 자유에 관한 라인 주의회의 토론에서든 다른 여타의 토론에서든 언제나 제시되는 구시대적 반론, 즉 **언론의 자유가 '내면의 도덕을 파괴'**하는 방향으로 작용하고, 그로 인해 인간의 더 높은 소명에 대한 믿음과 진정한 문명의 토대를 파괴하고 말 것이라는 반론에 대해 예리한 언어로 반박한다. "**검열받는 언론이야말로 내면의 도덕을 파괴한다.** 검열된 언론은 더욱 커다란 해악인 위선과 떼려야 뗄 수 없는 관계에 있고, 이 근원적 해악에서 뒤따르는 다른 모든 오류가 비롯된다. 이 오류에는 도덕이 될 수 있는 한 치의 소지도 없으며, 아무리 미학적으로 고찰할지라도 소극성이라는 끔찍한 해악일 따름이다. 그리하여 검열하는 정부는 **그 자신의 목소리만을 들을** 뿐인데도 마치 국민의 목소리를 듣는 것 같은 착각에 빠진 상태에서 국민에게 이 착각에 함께 빠지라고 요구한다. 이로써 국민은 한편으

---

143 *Marx*, ebd., S. 144 이하. 다른 곳(S. 150)에서는 신랄한 어조로 이렇게 말한다. "당신들은 나이팅게일의 눈을 멀게 만드는 일을 야만적이라고 생각한다. 그런데 날카로운 검열 펜으로 언론의 눈을 찌르는 행위를 당신들은 야만적이라고 생각하지 않는단 말인가? 당신들은 자유로운 인간의 의지에 반해 머리를 자르는 행위를 독재적이라고 여긴다. 검열은 개인의 정신을 잘라내 개인을 살덩이, 그러니까 심장이 없는 몸, 반응이 없는 몸, 얌전한 몸으로 만들어버리고 나서 이 몸을 건강한 몸이라고 검열을 통과시킨단 말인가!"

로는 정치적 미신에 빠지고, 다른 한편으로는 정치적 불신에 빠지거나 국가생활에 완전히 등을 돌리고 그저 사적인 천민으로 전락한다."[144]

이와 동시에 마르크스는 예나 지금이나 **언론의 자유**를 부정하면서 언론에 개입하기 위해 활용되는 악명높은 두 번째 논거, 즉 "입헌주의와 언론 자유에 대한 공감은 … **끝없이 변화하는 상태와** … 미래의 불확실성에 대한 불안이 결부되면 약해지지 않을 수 없다"라는 논거에 대해 다음과 같은 단호한 언어로 대꾸한다. "지구가 영구기관이라는 사실을 발견했을 때 대다수 조용한 독일인들은 잠옷을 입고 조국의 끝없이 변화하는 상태를 두고 한숨만 지었을 따름이고, 미래의 불확실성에 대한 불안으로 인해 당장이라도 집이 뒤집힐지도 모른다는 고통에 신음했다." 그러나 "언론의 자유는 결코 '가변적이고 불안한 상태'를 만들지 않으며, 이는 마치 천문학자의 망원경이 우주의 끝없는 운동을 만들지 않는 것과 마찬가지다."[145]

이 밖에도 마르크스는 그와 동시대를 살던 독일인들을 겨냥해 이렇게 말한다. "어떤 국민이 언론의 자유에 적합하다면, 이 국민은 분명 조용하고 평온한 독일 국민일 것이다. 독일 국민에게 필요한 것은 검열이라는 정신적 사실이 아니라 침착함에서 벗어나게 해줄 강한 자극이다."[146]

---

144 *Marx*, ebd., S. 155 이하.
145 *Marx*, ebd., S. 158 이하. 뒤이어 마르크스는 아이러니로 가득한 한탄을 쏟아낸다. "나쁜 천문학자 같으니! 고귀한 부르주아 남성처럼 지구가 여전히 세계의 중심에 있던 때가 얼마나 아름다운 시대였단 말인가? 가만히 앉아 지상의 현세적 파이프 담배를 즐기면서 세계의 빛을 쪼일 필요조차 없던 저 아름다운 시대 말이다. 저기 있는 해와 달 그리고 별이 그만큼 많은 얌전한 등불과 '아름다운 물건들'이 세계를 둘러싸고 춤추고 있지 않았던가!"
146 *Marx*, ebd., S. 171. 국가의 검열이 미치는 ― 모든 국가의 모든 검열에 필연적으

주의회의 토론에서 한 의원이 "언론을 라인지역의 물질적 및 정신적 상황과 교회 관련 사안에 대한 보도에만 한정하고자 하고, 다른 의원은 '동네 신문'—이 명칭 자체가 이미 기사 내용의 제한을 뜻한다—에 한정하려고 하며, 또 다른 의원은 … 각 지방마다 단 하나의 신문만 허용해야 한다고 부르짖는" 발언을 두고 마르크스는 독일인 그리고 독일인과 자유의 관계를 신랄하게 비판하면서 오늘날에도 결코 '시대착오'로만 볼 수 없는 다음과 같은 비유를 들고 있다. "(라인 주의회 의원들의) 이 모든 시도는 마치 체조수업에서 학생을 큰 구덩이 앞에 서 있게 한 이후 구덩이 **위로** 얼마나 멀리 뛰어야 하는지를 알려주기 위해 그 길이만큼의 노끈을 보여주는 것이 최상의 방법이라고 제안하는 체조선생을 떠올리게 만든다. 학생은 당연히 이제부터 뛰기를 연습해야 하고, 첫날부터 구덩이를 뛰어넘을 수는 없겠지만, 시간

로 해당하는—영향을 마르크스는 '시골 정형외과 의사'에 비유한다. 마르크스 이론의 잘 알려지지 않은 측면을 이 맥락에서 분명히 보여주기 위해 비교적 길게 인용하겠다. "사람들은 병에 걸릴 때야 비로소 의사의 말에 귀를 기울이고, 건강할 때는 그렇지 않은 것일까? 아마도 병만 해가 되는 것이 아니라 의사도 해가 되기 때문일 것이다. 의사의 관리를 받는 상태라면 삶이 이미 해악이고, 인간의 몸이 의료진들의 치료대상으로 인정된다. 단순히 죽음에 대한 예방조치일 뿐인 삶보다는 죽음이 차라리 더 바람직한 것이 아닐까? 자유로운 운동은 삶에 속하는 한 부분이 아닐까? 자유를 저지하는 삶으로서의 질병이란 무엇일까? 끝없이 육체를 관리하는 의사야말로 질병일 것이다. 이 질병에 걸리면 죽을 가망성조차 없이 그저 계속 살아야 한다 … 그러나 검열은 각각의 질병에 따라 다른 약품을 사용하는 문학적 의사조차도 못 된다. 검열은 마치 모든 질병에 대해 가위라는 똑같은 기계적 처방만 알고 있는 시골 정형외과 의사와 같다. 게다가 검열은 내 건강을 목적으로 삼는 이 정형외과 의사보다 못하다. 검열은 무슨 미학적 정형외과 의사와 같아서 그의 맘에 들지 않는 것은 내 몸에서 필요하지 않다고 잘라내 버리고, 그의 기분을 나쁘게 만드는 것은 그냥 밀어버린다. 검열은 돌팔이 의사 같은지라 종기가 있으면 눈에 보이지 않게 마구 눌러버린다. 그렇게 해서 안쪽의 온전한 속살까지 건드릴지도 모른다는 걱정 따위는 아예 하지 않는다(ebd., S. 149 이하)."

89

이 갈수록 보여준 노끈의 길이에 근접할 것이라고 선생은 말한다. 하지만 유감스럽게도 학생은 첫날 수업에서 구덩이에 빠졌고, 이제껏 계속 구덩이에서 벗어나지 못했다. 이 선생은 독일인이었고, 학생의 이름은 '자유'였다."[147]

라인 주의회 토의에서 유일하게 언론 자유를 옹호하는 발언을 했던, 수공업자 대표인 '자유주의적 반대파'가 언론의 자유를 이 반대파로서는 어쩌면 당연한 '영업의 자유'와 같은 관점에서 지지한 것에 대해 마르크스는 조금은 온건한 목소리로 이렇게 말한다. "언론의 자유가 영업의 자유에 속한다고 보는 것은 조금은 의외이다. 하지만 이 발언자의 견해를 곧장 거부할 이유는 없다. 렘브란트는 성모 마리아를 네덜란드의 농촌 아낙의 모습으로 그렸는데 이 의원이라고 해서 자유를 자신에게 익숙하고 친근한 형태로 그리지 못할 이유는 없다."[148] 뒤이어 마르크스는 이렇게 말한다. "독일인들은 감정과 감동으로 흐르는 경향이 있고, 감정을 자극하는 음악에 매료된다. 그 때문에 독일인들에게 이념이라는 거대한 문제를 통속적이고 실질적이며 주변에서 접하는 관점에 비추어 설명하는 것은 반가운 일이다. 독일인들은 기질적으로 극도로 공손하고 극도로 복종적이며 극도로 존경심을 보이는 민족이다. 이들은 이념에 대한 지극한 존경심을 품은 나머지 이념을 실현하지 못한다. 독일인들은 이념을 그저 숭배와 기도의 대상으로 삼을 뿐, 이념을 경작해 발전시키지는 못한다."[149]

하지만 마르크스는 수공업자 대표가 언론 자유를 옹호하는 발언이

---

147 *Marx*, ebd., S. 169.
148 *Marx*, ebd., S. 160.
149 *Marx*, ebd., S. 169.

비록 선의이긴 하지만, 언론 자유를 부정하는 다른 신분계급 대표들과 마찬가지로 이데올로기적 입장에 사로잡혀 있다고 비판한다. 즉 수공업자 대표가 자신의 삶과 사회적 활동에 가까운 '친숙한 관점'에 비추어 언론의 자유를 옹호하고 있긴 하지만, 자유 언론의 공적 기능을 제대로 이해하지 못하는 이데올로기적 입장에 사로잡혀 있다는 점에서는 다른 의원들과 다를 게 없다고 한다. 그리하여 마르크스는 언론의 기능에 관한 이러한 순전히 사회적이거나 부르주아적 또는 사적인 견해를 희화적으로 묘사하면서 이데올로기적 왜곡을 비판한다. "이 지적을 거꾸로 뒤집어 영업의 자유를 언론의 자유의 한 종류라고 볼 수도 있을 것이다. 수공업자들은 손과 발로만 일하고 머리로는 일하지 않는다는 말인가? 우리가 말하는 언어는 사상이 자신을 드러내는 유일한 언어라는 말인가? 기계공은 증기기관을 다루면서 내 귀에다만 말하고, 침대 제조업자는 내 등에다만 말하고, 요리사는 내 위에다만 말한다는 것인가? 이 모든 형태의 언론의 자유가 허용되고, 단지 인쇄된 글자들이 내 정신에 대고 말하는 것은 언론의 자유로 허용되지 않는 것이 모순이 아니라면 도대체 무어란 말인가?"[150] 마르크스가 언론의 자유를 지지하는 진정으로 정치적인 논증이 아니라 단순히 사회적 논증, 즉 사적 또는 사경제적 논증에 불과한 이러한 발언을 어떻게 생각했는지는 다음과 같은 간명하고 명확한 문장에 잘 표현되어 있다. "언론의 자유를 영업의 자유로 만드는 일은 언론의 자유를 방어하기 전에 미리 말살함으로써 이 자유를 옹호하는 것과 같다."[151]

---

150 *Marx*, ebd., S. 164.
151 *Marx*, ebd., S. 169.

법적 규범을 통해 언론을 독점적으로 장악해 권력을 가진 세력이나 국가 관료제의 우두머리들의 구미에 맞는지에 따라 여론을 조종하는 국가에서는 진정한 민주주의에서 필수 불가결한 자유 언론의 정치적 기능을 충족하는 데 성공할 수 없듯이 경제적 사실을 통해 권력을 가진 세력이 언론을 독점적으로 장악해 특정한 '사회적 세력', 특히 특정한 경제적 이익의 보유자들이나 특정한 종파 또는 특정한 정당의 구미에 맞는지에 따라 여론을 조작하는 사회에서도 언론 자유의 정치적 기능을 충족하는 데 성공할 수 없다.

왜냐하면 이러한 사회나 이러한 국가에서 '여론'은 사회와 국가의 전체 현실에 관한 일부의 관점과 일부의 진리에만 해당하는 표현과 도구로서 '편파적'이고 '제한적'으로, 다시 말해 이데올로기적으로 조작된 여론일 뿐만 아니라, 커뮤니케이션과 매개를 거쳐 지식과 의지가 사회적 영역에서 국가적 영역으로 전환되고 동시에 국가적 영역에서 사회적 영역으로 전환되는 작업이 우연에 의존하거나 계획적으로 단절되기 때문이다.

따라서 국가의 권력독점에 기초해 조종되는 여론이든 사적인 경제독점에 기초해 조종되는 여론이든 그 어느 것도 진정한 민주주의에서 자유 언론이 지닌 정치적 기능을 담당할 수 없고, 담당해서도 안 된다.

'정치적 세력' 또는 특정한 '사회적 세력'을 통한 언론 독점이라는 두 가지 형태의 독점은 마르크스가 언론 자유에 대한 근본적이고 기능적인 정당화를 통해 염두에 두었던 핵심적 내용, 즉 사회와 국가 사이의 지속적이고 동시에 최대한 완벽한 지양을 불가능하게 만든다. 마르크스에 따르면 이러한 지양이 없이는 국가가 사회로부터 소외되거나 사회가 국가로부터 소외되고, 이로써 사회와 국가에서 표현되고 조직되는 인간이 자기 자신으로부터 소외되지 않을 수 없다고 한다.

인간이 이렇게 자기 자신으로부터 분리되면 사회적 및 국가적 영역에서 마비 현상이 발생하지 않을 수 없다. 즉 '사회적 힘'을 '정치적 힘'으로 매개 및 전환하고, 역으로 정치적 힘을 사회적 힘으로 매개 및 전환하는 작업이 '편파적'이고 '제한적'으로 기능하게 되면 이러한 마비 현상을 피할 수 없다. 다시 말해 사회의 영역과 국가의 영역이 더 이상 정치적으로 매개 및 전환되지 않고, 양자 사이의 '지양'이 이루어지지 않는다면, 이 두 영역은 갈수록 한 영역만을 중심으로 움직이고, 결국에는 국가 없는 사회 또는 사회 없는 국가로 분리되고 해체된다.

그리하여 사회가 단순히 국가에 관한 환상을 품은 채 살아가거나 국가가 사회에 관한 환상을 품고 살아가지 않을 수 없고, 더욱이 국가와 사회 사이에서 이루어지는 정치적 정보에 관한 커뮤니케이션과 정치적 자극의 매개가 단절되지 않을 수 없으며, 사회의 진보 역시 사회적 상태와 국가의 헌법 사이의 복고적이고 반동적인 균열로 말미암아 마비와 질식을 겪고 만다. 왜냐하면 사회의 진보는 설령 계급 없는 인간다운 사회일지라도 사회에서 비롯되는 아래로부터의 주도권을 통한 국가 상태의 영원한 혁명과 국가에서 비롯되는 위로부터의 법을 통한 사회 상태의 영원한 진화가 없이는 확실하게 보장될 수 없기 때문이다.

이러한 끝없는 과정과 인간의 진보 과정을 시작하고 이 과정을 유지해야 하는 모든 정치적 매체의 중심에 서 있는 것이 자유 언론이라는 사실은 결코 우연이 아니다. 바로 그 때문에 프랑스의 민주주의 혁명에서 토론의 첫 번째 주제가 자유 언론이었고, 라인 주의회의 토론에서

도 프랑스 혁명이라는 '유령'에 놀란 신분계급이 다룬 주제가 곧 언론
의 자유였다.

　이제 책을 마감하면서 다시 한번 라인 주의회에서 이루어진 언론법
에 관한 토론에 대해 청년 마르크스가 남긴 구절을 그대로 인용하겠
다. 이 구절은 언론에 관한 칸트의 글과 함께 오늘날까지도 **언론 자유**
에 관한 가장 감동적인 내용을 담고 있는 구절일 것이다. 더욱이 마르
크스는 정치철학자이자 정치이론가였을 뿐만 아니라, **학문적 사회주의**
의 **고전적 학자**였다는 사실을 고려하면 감동은 배가된다. 아래에 등장
하는 텍스트는 내가 마르크스 탄생 150주년을 기념해 트리어에서 행
한 강연을 계기로 집필한 이 책의 마지막 부분에 별도의 후기를 추가
하지 않고 트리어인 카알 마르크스가 써놓은 원본 그대로 인용한다.

　"(1842년 5월 19일 자 라인신문 부록[152]에는 다음과 같은 구절이 있다) 모
든 형태의 자유는 다른 형태의 자유를 위한 조건이고, 이는 마치 육체
의 한 부분이 다른 부분의 조건인 것과 마찬가지다. 따라서 특정한 자
유가 부정되면 이는 자유 자체가 부정되는 것이다. 즉 한 가지 형태의
자유를 배격하면 자유 전체를 배격하는 것이고, 이렇게 되면 허위의
삶을 누릴 뿐이게 되며, 어떠한 대상에 지배권력으로서의 부자유가
행해질 것인지는 순전히 우연에 맡겨지게 된다. 즉 부자유가 원칙이
고, 자유는 우연과 자의에 맡겨진 예외가 될 뿐이다. 그러므로 자유의
특수한 현존을 문제 삼으면서 자유가 그저 **특수한 문제**일 뿐이라고 생
각하는 것은 앞뒤가 전도된 것이다. 이 문제는 특수한 영역에 있는 보
편적 문제이다. 자유는 자유이고, 단지 이 자유가 인쇄물이나 토지 또

152　*Marx*, ebd., S. 172 이하.

는 양심이나 정치집회에서 표현될 따름이다. 그러므로 자유의 충실한 친구가 **자유의 존재 또는 비존재**를 조율해야 하는 상황에 봉착하면 그것은 이미 자유에 대한 존중심이 손상되었다는 뜻이다. 이 친구가 자유가 등장하는 독특한 소재 앞에서 자유를 의심한다면, 그는 이미 종에서 유를 파악하는 오류를 범한 것이고 언론의 자유를 망각한 것이며, 그 자신은 다른 존재에 대해 심판한다고 생각할지 모르지만 실제로는 자기 자신의 존재를 심판하는 꼴이 된다. 이 점에서 제6차 라인주의회는 언론의 자유에 대해 심판함으로써 결국 자기 자신을 심판한 셈이다.

현명하기 짝이 없는 실무의 관료들은 페리클레스의 온당한 자화자찬, 즉 '나는 무엇이 국가에서 필요한지를 잘 알고 있고 이를 처리할 능력에서 누구에게도 뒤처지지 않는 사람이다'라는 외침을 은연중에 자신들에게도 해당한다고 착각한다. 정치적 지성과 지능의 상속자인 이들 관료는 어깨를 들썩이며 마치 신탁의 언어라도 되는 양 품위를 갖추어 말하기를, **부드러운 검열**이 **신랄한 언론 자유**보다 더 좋은 것이기 때문에 언론 자유를 옹호하는 자들은 마치 겨를 탈곡하는 자들과 같다고 한다. 이들에게 우리는 스파르타인 스페르티아스Sperthias와 불리스Bulis가 페르시아 총독 히다르네스Hydarnes에게 한 말로 대꾸하고자 한다.

'히다르네스! 당신이 우리에게 한 충고는 결코 균형 잡힌 충고가 아니군요. 당신이 충고한 쪽 내용은 이미 당신이 알고 있고 해본 적이 있는 것이고, 다른 쪽 내용은 당신이 알지도 못하고 해본 적도 없으니까 말이죠. 그러니까 무엇이 노예인지는 이미 당신이 잘 알고 있는 것이고, 그 반대인 자유가 얼마나 달콤한지는 당신이 알지도 못하고 알려고 해본 적도 없지 않습니까? 만일 당신이 자유가 무엇인지 알려고 해본 적이 있다면 아마도 당신은 우리에게 자유를 위해 창만 들고 싸울게 아니라 도끼까지 들고 싸우라고 충고했을 것입니다.'"

옮긴이 후기

　1835년 고등학교를 갓 졸업한 열일곱 살의 카알 마르크스는 변호사인 아버지의 소원대로 고향 트리어에서 가까운 본 대학교 법과대학 학생이 된다. 다음 해 프로이센의 심장 베를린 대학으로 옮긴 마르크스는 헤겔 법철학을 계승한 에두아르드 간스, 헤겔 철학의 적대자 칼 폰 사비니 등의 강의를 들었고 19세기 독일 법학의 통칭에 해당하는 판덴텍 법학을 꾸준히 학습했다. 물론 당시 베를린의 정신을 지배한 헤겔 철학에 심취하면서 그의 정신세계는 법학에서 서서히 멀어졌고, 이는 곧 아버지의 소원에서 멀어져간다는 뜻이었다. 하지만 아버지에게 보낸 한 장문의 편지에서는 민법 체계를 자기 나름의 방식으로 재구성한 내용을 설명하는가 하면 로마법 텍스트를 번역하는 중이라고 얘기하기도 하며, 나중에 행정법률가가 되어 대학 강단에 설 수도 있다는 꿈을 내비치기도 한다. 이 꿈이 순전히 아버지를 안심시키기 위한 아들의 '선한 거짓말'이었는지는 알 수 없지만, 1838년 아버지가 갑자기 세상을 떠난 이후 1841년에 공식적으로 베를린 법과대학의 제적생이 되고 같은 해에 예나 대학에서 철학박사 학위를 받으면서 '법률가' 마르크스는 중지미수에 머물게 된다.

　1842년 철학박사 학위를 손에 쥐고 베를린에서 알게 된 멘토 브루

노 바우어를 따라 본 대학으로 옮긴 마르크스는 학자의 길을 걷고자 했지만, 보수적인 프로이센 정부가 개혁적인 바우어를 본 대학 신학과 교수직에서 해임하면서 이 시도 역시 곧장 좌절되고 만다. 경제적 곤궁 상태에 있던 마르크스는 같은 해 스물네 살의 나이에 아놀드 루게가 창간한 급진적 개혁 성향의 「라인신문」 편집장이 된다. 마르크스는 매우 빠른 속도로 여러 편의 논설을 게재하게 되는데, 『마르크스/엥겔스 전집(MEW)』 1권의 서두를 장식하는 이 논설들의 제목을 잠시 살펴보자. 「최근 프로이센 검열령에 관한 언급」, 「제6차 라인 주의회 논의. 제1편: 언론자유와 주의회 토의의 공개에 관한 논쟁」, 「역사법학파의 철학적 선언」, 「제6차 라인 주의회 토의. 제3편: 산림절도법에 관한 논쟁」, 「이혼법 초안」. 제목에서 곧장 알 수 있듯이 그의 초기 저작에서 '법률가' 마르크스와 '철학자' 마르크스가 동거한 흔적을 뚜렷하게 확인하게 된다. 이 시기 마르크스는 전적으로 헤겔 철학의 우산 아래 인간과 시민의 자유를 실현하는 '진정한' 법과 자유를 억압하는 '허위의' 법을 대비시키면서 보수적인 프로이센 정권에 맞서 예의 그 특유의 신랄함과 현란한 수사학을 동원해 인간의 자유를 억압하고, 빈민을 착취·말살하는 법적 조치를 극단적으로 비난한다. 그에 따른 대가는 신문의 폐간과 파리 망명이었다.

그러나 거의 같은 시기에 마르크스는 ―「헤겔 법철학 비판」에서 볼 수 있듯이 ― 헤겔 철학의 관념론적 경향을 비판하면서 경험적 현실 자체에 대한 철학적 성찰을 중시하는 방향으로 사상의 변화를 이룩해낸다. 이 측면에서는 역시 헤겔 좌파에 속하다가 헤겔을 비판하는 방향으로 선회한 루드비히 포이어바흐의 철학적 인간학과 모제스

혜스의 사회주의 사상이 중요한 역할을 했다. 이 현실 자체를 향한 사상적 전환은 1843년의 「유대인 문제에 관해」에서도 드러나지만, 무엇보다 1844년 망명지 파리에서 작성되었지만 1930년대에야 발견되어 출간된 『경제학-철학 초고』에 가장 뚜렷이 표현되어 있다. 마르크스가 사회학의 효시 가운데 한 사람으로 자리매김하는 이유는 경제 사회로 전환한 근대사회의 현실을 이론적으로 포착하려는 노력을 기울였기 때문이다. 특히 엥겔스와 만남을 계기로 자본주의 경제의 메커니즘을 밝히려는 그의 이론적 노력은 더욱 뚜렷한 윤곽을 그리게 되었고, 기존의 경제이론을 독학으로 익히고 지식인의 역사에서 최초로 대중 도서관을 드나들며 완성한 저작이 우리에게 마르크스라는 인물을 상징하는 미완의 대표작인 『자본』이다. 이러한 사상적 궤적을 되짚어보면 ― 지나친 단순화로 들리겠지만 ― '법률가' 마르크스가 철학자 마르크스를 거쳐 사회과학자 또는 경제학자 마르크스로 변화했다고 말해도 좋을 것이다.

이러한 배경에서 법 또는 법학/법철학은 마르크스의 전체 사상에서 점차 비중이 줄어드는 과정을 겪게 되었다. 물론 그 자신이 장담한 대로 '국가'에 관한 책을 썼다면 법과 법학은 다시 중요한 주제로 떠오를 수도 있었지만, 그것은 실현되지 않았다. 잘 알려진 대로 마르크스는 그 어떤 사상가나 철학자보다 현실의 정치적 세계에서 가장 강력한 영향을 발휘한 학자이다. 이 점에 관한 한 마르크스와 최소한이라도 비교할 수 있는 학자는 역사에 존재하지 않는다. '마르크스-레닌주의'라는 하나의 정치적 이데올로기가 아주 오랜 시간 동안 세계를 뒤흔들었고, 마르크스 자신이 지녔던 현실정치에 대한 끝없는 관

심 그리고 소외를 극복한 인간 해방에 대한 열망은 본인의 의도와는
관계없이 '교조화'라는 여과지를 거쳐 이해되고 오해되었다. 예를 들
어 '프롤레타리아 독재'라는 표현은 마르크스의 전 저작에서 단 두 번
등장할 따름이지만 훗날 교조화된 마르크스주의에서 이 표현이 지닌
무게는 그의 저작 자체에서와는 완전히 다르게 설정되는 운명을 겪는
다. 이제 마르크스 자신이 쓴 텍스트보다는 이 텍스트를 활용하는 정
치 이데올로기적 콘텍스트가 더 중시될 뿐 아니라, 교조화한 마르크
스주의를 적대시하는 다른 정치 이데올로기 역시 마르크스의 저작을
무시하거나 정반대의 형태로 교조화하는 경향을 보인다. 그 때문에
냉전 시대로 불리는 이데올로기 투쟁기에는 각자의 구미에 맞게 이해
된 마르크스가 난무하고, 정작 그가 남긴 텍스트 자체는 뒷전으로 물
러나게 된다. 물론 이 평가는 오늘날의 관점에서 사후적으로 되짚어
본 평가일 뿐, 텍스트 이해를 둘러싸고도 수많은 피를 흘린 역사 자체
를 무시하겠다는 뜻은 아니다. 어쩌면 학문체계의 논의가 정치체계로
전환되었을 때 겪게 되는 피할 수 없는 운명인지도 모른다. 종교체계
와 결합했을 때도 그렇듯이.

1960년대에 접어들면서 냉전의 냉기가 조금 줄어들고 자유주의
진영에서도 자신들의 사회체계에 대한 비판적 성찰을 요구하는 목소
리가 커지면서 이 목소리가 학생운동을 통해 폭발하는 전환점에 도달
할 때까지 마르크스를 끌어들여 이 성찰을 진행하는 이론적 경향이
점차 강화하는 과정을 거친다. 서구사상사 전체에서 '비판'이라는 단
어를 마르크스만큼 자주 그리고 적절하게 활용한 학자는 어디에도 없
다는 사정도 큰 몫을 했다. 어떻게 보면 소비에트 진영의 마르크스 이

해가 원래의 마르크스를 왜곡한 것이라고 비난하는 이론적 냉전으로
읽힐 수도 있지만, 실존주의 철학자 사르트르와 구조주의 방법론을
끌어들인 알튀세의 마르크스 해석은 자유주의의 맹점을 지적하고 혁
명적 변화를 부르짖는 도화선으로 작용했다. 이 흐름 속에서 주로 경
제학 저작에 집중된 기존의 마르크스 연구에서 벗어나 초기저작에 집
중하거나 마르크스 사상 전체의 연속성 또는 불연속성을 탐색하려는
이론적 노력이 축적되기 시작한다. '청년 마르크스', '노년 마르크스',
'원래의 마르크스', '인간적 마르크스' 따위의 표현이 등장한 것 역시
이 맥락에 속한다. 이러한 이론적 경향은 이미 1960년대에 소비에트
마르크스주의와 대비되는 '유럽 마르크스주의' 또는 '새로운 마르크
스주의'라는 명칭을 얻게 된다.

　이러한 시대적, 이론적 배경에서 당연히 초기저작에서 법과 법철
학이 상당히 중요한 역할을 했다는 사실을 '재발견'하면서 마르크스
는 법학자들의 관심을 불러일으켰다. 물론 독일어권에만 한정하면,
이미 19세기 후반과 20세기 초에도 사회주의와 민주주의를 지지하
는 막스 아들러, 안톤 멩어, 한스 켈젠 등 일군의 오스트리아 법학자
들이 마르크스 이론을 끌어들여 자유주의의 한계를 극복하려는 움직
임이 있었다. 하지만 이 움직임은 사회주의 국가의 제도적 마르크스
주의의 그늘 속으로 사라졌고, 사회주의 국가 제도권 내에서 마르크
스주의 법사상을 맨 처음 체계화한 파슈카니스의 법이론은 권력투쟁
속에서 정치적 희생양으로 사라졌다. 그 이후 ― 앞에서 언급한 대로
― 1960년대에 '새로운' 마르크스를 기치로 내세운 유럽 마르크스
주의 그리고 이 새로운 마르크스를 법학에 수용하려는 이론적 경향

을 대표하는 독일어권 법학자는 단연 이 책의 지은이 베르너 마이호 퍼였다.

마이호퍼와 그의 몇몇 제자들은 무엇보다 마르크스의 초기저작을 중심으로 마르크스의 법이론을 '법의 이데올로기 비판'과 '비판적 법이론'의 전형으로 이해하면서, 기존의 전통적 법학과 '정통' 마르크스주의와는 먼 거리를 유지하기 위해 노력한다. 특히 마르크스의 초기저작에서 법은 인간의 해방을 위한 잠재력을 발산하는 기능을 담고 있다는 판단하에 정통 마르크스주의가 엥겔스를 원용해 법의 '사멸'을 주장하는 것은 마르크스의 원래 의도와는 아무런 관계가 없다고 비판하면서 오히려 법과 민주주의를 긍정하는 청년 마르크스로 되돌아가야 한다고 주장한다. 이와 동시에 말년의 마르크스, 즉 경제학자 마르크스는 법률가이자 철학자였던 청년 마르크스와는 반대로 법을 경제의 상부구조로 축소하는 역사적 물질주의(사적 유물론)의 함정에 빠져들어 법의 비판적 기능이 발휘되지 못하는 오류를 범했다고 지적한다.

마이호퍼의 이 마르크스 해석은 특히 구동독에서 탈출한 철학자 에른스트 블로흐의 이론적 자극에 힘입은 것이었다. '희망의 철학자' 블로흐는 현실 사회주의의 실패를 목격하면서 서독으로 망명한 이후 인간 해방의 철학자 마르크스를 부각했다. 다른 한편 인간의 존재를 사회적 존재로 규정하고, 인간존재의 이 측면이 곧 법의 존재론적 구조에 해당한다는 교수자격논문 『법과 존재』로 명성을 얻은 법철학자 마이호퍼로서는 마르크스의 인간관을 상징하는 '유적 존재'로서의 인간이라는 표현에 크게 매료되었고, 이 표현의 철학적 원조인 루

102

드비히 포이어바흐를 함께 끌어들여 사회적 존재로서의 인간이 인간답게 살 수 있는 질서구조가 곧 법과 국가의 존재 의미라고 규정한다. 이 점에서 마이호퍼는 먼저 법과 국가의 '사멸론'이라는 교조에 대한 비판을 수행한 이후, 청년 마르크스와 포이어바흐의 저작에서 등장하는 인간관과 법사상을 자신의 '법존재론'과 결합해 법과 국가를 인간다운 삶을 위한 근원적 질서를 기획하는 것으로 해석한다. 그리고 이 기획은 인간다운 질서를 적극적으로 형성하는 민주주의와 적극적 형성의 토대로서의 사회주의를 결합하는 기획으로 등장한다. 즉 민주주의는 사회주의를, 사회주의는 민주주의를 필연적으로 전제한다는 사상을 청년 마르크스를 통해 확인하려고 한 셈이다(책에서도 인용된 로자 룩셈부르크의 유명한 명제는 "사회주의 없이는 민주주의도 없고, 민주주의 없이는 사회주의도 없다!"이다). 그리고 이 기획에서 언론의 자유가 어떠한 의미를 지니는지를 구체적으로 밝히면서 책을 마감한다.

　마이호퍼의 마르크스 해석은 단순히 이론적 차원에 그치지 않았다. 그는 1969년에 랄프 다렌도르프 등과 함께 독일 자유당에 가입하면서 자유주의에 경도된 자유당에 사회주의적 색깔을 입히기 위해 정치적 열정을 쏟아부었다. 이른바 '사회적 자유주의'를 현실의 정치에서 관철하려는 그의 노력이 성공했다고 볼 수는 없지만, 정치가 마이호퍼를 상징하는 표현인 "의심스러울 때는 자유의 이익으로(in dubio pro libertate)"의 배후에는 자유의 실현 조건을 보장하는 인간다운 질서로서의 법과 국가의 기능을 강조하는 청년 마르크스의 사상이 언제나 함께 자리했다. 하이데거의 철학에 (비판적으로) 기댄 법존재론과 마르크스 사상의 결합은 얼핏 보면 모순이거나 불편한 동거로 여겨질 수도 있지만, 적어도 마이호퍼의 이론적, 실천적 전개 과정을 더듬어 보면 충분히 이해할 수 있는 구석이다. 1970년대 초반부터 자주 등장한 입법학과 법사회학 저작 그리고 이 분야의 연구를 주도하거나 지원한 활동 역시 마르크스 사상의 영향으로 볼 수 있다.

***

번역을 자주 하다 보면 "번역문이 원문보다 더 어려워서는 안 된다"라는 나름의 원칙을 갖게 된다. 적어도 이 원칙을 염두에 두면 이미 마이호퍼의 책을 번역하는 것 자체가 커다란 난관이다. 그의 독특한 문체와 표현방식은 많은 경우 '번역 불가' 판정을 받아야 마땅할 정도이다. 내 개인적 경험이지만, 독일 유학 중에 마이호퍼 책을 읽다 도저히 문법적으로 이해가 안 되는 문장이 등장할 때 '원어민'에게 물어서 시원한 대답을 들은 기억이 없다. 이번에는 여기에 더해 또 하나의 거대한 난관이 추가된다. 이 난관의 이름은 마르크스다. 현란한 수사학과 극도로 논쟁적인 스타일로 점철된 마르크스의 저작 곳곳에는 이해가 될지라도 번역하기에는 난감한 문장들이 수없이 등장한다. 이 두 난관에도 이 책을 번역하게 된 이유는 전적으로 스승 심재우 선생님 때문이다. 이미 선생님과 나는 마이호퍼의 책을 여러 권 번역했고, 그것으로 마이호퍼가 다룬 주요 법철학적 주제 영역을 충분히 커버했다고 볼 수 있다. 단 하나 빠진 영역이 있었는데, 그것이 바로 마르크스 사상을 직접 다룬 이 책이다.

귀국 후 선생님과 가끔 긴 전화통화를 했고, 통화는 늘 일상의 소소한 것으로 시작해 마침내는 '법철학'으로 이어지곤 했다. 어느 날 선생님께서는 "자네 그 'Demokratie im Sozialismus'를 번역해보지 않겠나?"라고 말씀하셨다. 순간 떠오른 생각은 "마르크스를 번역…?"이었지만, 선생님께 드린 대답은 "예! 해보겠습니다"였다. 그 이후에도 몇 번 같은 말씀을 하셨고, 나는 내 버릇대로 번역할 책의 각주에 등장하는 문헌들을 입수해 틈틈이 읽는 시간을 보냈지만, 아직 번역할 수 있다는 자신감을 얻지는 못했다. 정작 번역을 시작한 것은 선생님이 세상을 뜨신 이후 한참이 지난 후였다. 그사이 마르크스의 초기저작 전체를 꼼꼼히 읽는 과정을 거치지 않을 수 없었다. 그 때문에 이 책의 번역은 내게 선생님의 유지를 받드는 일이기도 했다. 마르크스나 마르크스와 관련된 글을 읽는 일이 이 시대에도, 아니 이 시대에는 꼭 필요하다는 내 확신은 이차적이다. 선생님의 유언을 이제라도 현실로 만들었다는 뿌듯함이 가슴 한구석에 자리 잡지만, '마르크스 + 마이호퍼'의 원문보다 더 어려워서는 안 된다는 원칙이 과연 충족되었는지를 생각하면 가슴이 답답해진다. 어쩌면 선생님 탓이라고 변명이라도 하고 싶은 마음이고, 그래서도 선생님이 더욱 그리워진다. 그저 하늘에서도 제자의 이 끝없는 몸부림과 헤맴을 어여삐 보아주셨으면 한다.

끝으로 이 책에도 등장하고 선생님의 박사학위 논문에도 인용된 마르크스의 유명한 문장을 조금 바꾸어 적어두기로 한다. 누구도 이 문장을 쉽사리 부정할 수 없을 것이다.

"인간이 억압되고 착취되고 예속된 존재인 상태를 변혁하라는 정언명령을 실현할 때 인간은 비로소 인간에게 최상의 존재가 될 수 있다."

2023년 4월

고려대학교 연구실에서

윤재왕

지은이

베르너 마이호퍼(1918-2009)

프라이부르크 대학교에서 법학을 수학하고, 같은 대학교에서 박사학위와 교수자격 취득. 자브뤼켄 대학교와 빌레펠트 대학교 법과대학의 법철학과 형사법 전임교수. 1972년 독일 자유민주당(FDP) 소속 국회의원으로 선출되어 빌리 브란트 총리 내각에서 특임장관, 헬무트 슈미트 총리 내각에서 내무부장관 역임. 정치 일선에서 물러난 이후 피렌체 소재 유럽통합대학교 총장과 콘스탄츠 대학교 법과대학 초빙교수로 재직. 오랜 기간에 걸쳐 세계 법철학과 사회철학회(IVR)의 기관지 ARSP의 책임편집인을 지냈다.

옮긴이

윤재왕

고려대학교 법학전문대학원 법철학 및 법사상사 담당 교수로 재직 중.

몽록(夢鹿) 법철학 연구총서 7

민주주의와 사회주의

초판발행	2023년 9월 28일
지은이	베르너 마이호퍼
옮긴이	윤재왕
펴낸이	안종만·안상준
편 집	이승현
기획/마케팅	조성호
표지디자인	이영경
제 작	고철민·조영환
펴낸곳	(주) **박영사**
	서울특별시 금천구 가산디지털2로 53, 210호
	(가산동, 한라시그마밸리)
	등록 1959. 3. 11. 제300-1959-1호(倫)
전 화	02)733-6771
f a x	02)736-4818
e-mail	pys@pybook.co.kr
homepage	www.pybook.co.kr
ISBN	979-11-303-4480-5 93360

* 파본은 구입하신 곳에서 교환해 드립니다. 본서의 무단복제행위를 금합니다.

정 가   12,000원